文治堂

凌金铸 著

中国传统文化
十二讲

上海交通大学出版社
SHANGHAI JIAO TONG UNIVERSITY PRESS

内容提要

本书选取我国优秀传统文化中较有代表性的内容进行了深入浅出的论述和讲解。重点从思想、建造、器物和艺术四个方面，分十二讲，即孔子、老子、韩非子，长城、兵马俑、石窟佛像，青铜器、瓷器、玉器，书法、水墨画和音乐，为读者阐释了中华传统文化的精髓。

本书可作为广大读者，尤其是喜爱中华传统文化读者的学习参考用书。

图书在版编目（CIP）数据

不尽长江滚滚流：中国传统文化十二讲 / 凌金铸著
. — 上海：上海交通大学出版社，2024.4（2025.6重印）
ISBN 978-7-313-30365-3

Ⅰ.①不… Ⅱ.①凌… Ⅲ.①中华文化－通俗读物
Ⅳ.①K203-49

中国国家版本馆CIP数据核字〔2024〕第052748号

不尽长江滚滚流：中国传统文化十二讲
BU JIN CHANGJIANG GUNGUN LIU: ZHONGGUO CHUANTONG WENHUA SHIER JIANG

著　　者：凌金铸

出版发行：上海交通大学出版社　　　　　　地　　址：上海市番禺路951号
邮政编码：200030　　　　　　　　　　　　电　　话：021-64071208
印　　制：苏州市越洋印刷有限公司　　　　经　　销：全国新华书店
开　　本：710mm×1000mm　1/16　　　　 印　　张：12.5
字　　数：189千字
版　　次：2024年4月第1版　　　　　　　　印　　次：2025年6月第4次印刷
书　　号：ISBN 978-7-313-30365-3
定　　价：68.00元

不尽长江滚滚流

从全球范围看，文明史或文化史有一个特别耐人寻味的地方，就是四大文明古国中文明进程唯一没有中断，而且延续至今的，只有华夏文明。

四大文明古国分别是古巴比伦（位于西亚，今地域属伊拉克）、古埃及（位于西亚和北非交界处，今地域属埃及）、古印度（位于南亚，地域范围包括今印度、巴基斯坦等国）和中国。四大文明古国都是原生文明，是世界后来诸多文明的四个发源地，其他文明属于派生文明，深受临近地区原生文明的影响。

四个文明古国有一个共同的特点，就是它们产生的基础或背景相同，都得益于大江大河，分别是"两河"（底格里斯河和幼发拉底河）、尼罗河、印度河和黄河，因而其文明的形态也是一样的，都是农业文明。

农业文明和近代的工业文明及今天的信息文明一样，是注定要载入史册的人类社会进步的一个重要阶梯，是人类最初探索前行的第一次重大的跨越。

可以想象，在远古广袤的大地上生活着各种人群，他们靠山打猎、依水抓鱼，采摘野果、挖掘野种，也就是说，需要靠大自然的恩赐维持生存，但这总不是长久之计，生活总不能靠等待，而应该靠自己主动地创造。这个创造，就是选择一种适合自己生存和发展的方式。经过漫长的探索，先民们发现，野生作物可以被播种和培育，野生动物也可以被驯化和饲养，这样，就可以

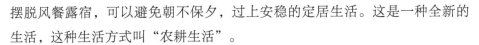

摆脱风餐露宿，可以避免朝不保夕，过上安稳的定居生活。这是一种全新的生活，这种生活方式叫"农耕生活"。

先民们选择农耕生活方式的时间，有人说是在一万年前，有人说在八千年前，准确时间尚不能确定，大致时期应该是旧石器晚期或新石器早期。

人类从诞生之日起，就进入了历史学上所谓的旧石器时期，因为人类与动物最本质的区别，或者说，人类之所以成为万物之王，是因为会使用工具。人类最初使用的工具就是石块。这样讲，当然不够准确，因为除了天然的石器之外，人类还会就地取材，使用木棒。因此，那个时代，应该叫石木时代。但是现在考古发掘的东西，只有石头，没有发现木器的遗存。先民们就是攥着石块，提着木棒开始了艰辛的文明之旅。而就是这两样工具，竟像法宝一样，保佑着先民们在蛮荒的世界里脱颖而出，为文明肇基。

所谓新石器时期，就是先民们可以按照生产和生活的需求，磨制石器，烧制陶器。这是制造工具的时代，是人类历史的第一个重大跨越。石斧、石刀、石铲和各种样式陶器的出现，标志着人类迈进自主生活的时代。以后，尽管不断发现各种新材料，如铜、锡、铁、塑料等，但基本上都是在复制新石器时代各种用具的样式。

苏秉琦认为，农业就是文明的根，文明的起源。中国农业的起源可以追溯到一万年前。"证据是河北徐水南庄头发现了自一万年前至两千年前的连续的文化堆积，并测出了可信的连续的碳−14年代数据。在一万年前的遗存中已显现出石器的专业分化。这一时期其他遗址（如虎头梁）的尖状器具备了多种安柄的形式，甚至连类似'曲内''直内'的石器也出现了。它们与后来'勾兵''刺兵'、铲、锄之类的金属武器、工具应具有源流关系。说明一万年前人们已掌握了对付自然的新型工具和新的技术，文明已经启步。"[1]

四个古国，进入农业社会的时间有先有后，都创造了光辉灿烂的文明，但唯有中国没有中断过。为什么？原因很多，最主要的是两个：第一，与文明的规模和辐射能力的强弱有关；第二，与文化的取向有关。

我们先来具体考察华夏文明的产生和扩展。

---

① 邵望平、汪遵国：《迎接中国考古学的新世纪：中国考古学会理事长苏秉琦教授访谈录》，《东南文化》，1993年第1期。

　　中国新石器的遗址可谓星罗棋布，即所谓的"满天星斗"的时代，无论是北方的黄河流域和辽河流域，还是南方的长江流域和珠江流域，都有发现，可以说遍及了我国的各个省份，这说明农耕文化的创建，是由多元参与的一个历史进程。那是一个群星璀璨的时代。

　　同时，我们还发现，群星中间，有的像彗星一样，一阵耀眼之后，很快熄灭了，没能持续闪闪发光；而有的则越来越大，越来越明亮。这越来越明亮的文化星群则处于黄河中下游地区。

　　近年，良渚文化备受关注。它所处的年代大概在公元前3300～公元前2300年。实际上，这个遗址已经经历了80多年的发掘，早在1936年，一位名叫施昕更的学者在家乡余杭县（今杭州）良渚镇的偶然发现，掀开了良渚文化的神秘面纱，随后，出土了大批新石器时代的陶器、石器、玉器。

　　2018年，一只精美的良渚玉琮在中央电视台《国家宝藏》栏目中亮相，吸引了世人的目光。这只玉琮上作为神人、信仰象征的神人兽面纹，以及一毫米刻四五根线的细密阴纹线刻技艺，无不折射出良渚文化的璀璨。

良渚玉琮

　　人们开始回溯良渚的考古成果：1992年，超巨型建筑基址莫角山大型宫殿基址浮出水面；2007年，东西约1700米、南北约1900米，总面积约300万平方米的良渚古城最终得到确认；2015年，良渚古城外围水利工程震惊世人。拥有完整都城结构的良渚古城，由内而外依次为宫城、王城、外郭城和外围水利系统，而这个水利系统，则是迄今所知世界最早的水坝系

统，设计范围超过 100 平方公里，有人说它是"世界第一坝"[1]。

良渚这样高度发达的农业区域后来竟然灭失了，消失的原因尚不清楚，可能是自然灾害，也可能是战争，但无论是什么原因，都与其文明的规模和体量过小有关。应该说，许许多多的小农业文明，不知不觉中就没有了，其遗存有的已被发掘，有的仍然深埋地下，而在地上，把这种文明持续推进和壮大的，则在黄河中下游地区。

黄河中下游地区的新石器遗址最为密集，这不是偶然的。因为开创农耕或持续推进农耕，取决于两个基本条件，一是土壤，二是水利。土壤必须松软，坚固、板结的土壤，或者植被过于稠密的土壤，用石器和木器是难以进行开垦和维持耕种的。水利则必须是便利的。在远古时代，能同时满足这样两个条件的不是很多，而黄河中下游则密集分布着这样的地区。

是这块土地能够给先民越来越多的食物，使得他们的繁衍得以维持和扩增；还是多地的先民迁入而在此定居，进而繁衍扩增；还是两者的结合，已经无从考察。总之，在漫长的历史中，这个地区集聚的先民越来越多，开拓的农耕空间也越来越大。

其实，农耕的维持和发展并不是主要依赖黄河干流，而是依赖它的许许多多支流。也就是说，光提供松软的土壤还不行，因为黄河下游虽然也是好土，但黄河干流并不能提供便利的灌溉，相反是水患连连。而那些黄河的支流两岸和支流注入黄河的三角地带，即"汭"（ruì），如渭水，古代叫渭汭，洛水叫洛汭，泾水叫泾汭，则是最适合农耕的地区。[2]

唐（尧）、虞（舜）文化发生在山西的西南部，黄河大曲的东岸、北岸，汾河两岸，以及流入黄河的支汊地带。夏文化发生在河南省的西部，黄河大曲的南岸，伊水、洛水两岸，以及流入黄河的支汊地带。周文化则发生在陕西省的东部，黄河大曲的西岸，渭水两岸，以及流入黄河的支汊地带。在黄河大曲的上下，两岸流着泾、渭、伊、洛、汾等几条有名的支流，每条支流两岸都适合农业耕种的发展。

---

[1] 李志鹏：《良渚古城遗址申遗成功，叹为观止的水利工程，如何改写世界史？》，《北京晚报》，2019 年 7 月 16 日。

[2] 钱穆：《中国文化史导论》，河南人民出版社，2017 年版，第 2 页。

　　怎样去追踪这些先民的遗迹呢？近年来，一些文史学者把考古成果与史书上提供的线索，进行相互印证，不失为一种对上古史解读的新路径。比如，中华人文始祖黄帝，究竟是传说中的虚构，还是传说中的真实？司马迁在《史记·五帝本纪》中说，黄帝居轩辕之丘。那么，轩辕丘在哪里呢？郦道元在《水经注·洧水》中说："洧（wěi）水又东南流，溱（zhēn）水注之。洧水又东南迳郐（kuài）城南。"杜佑在《通典》中说："新郑，汉旧县，春秋时郑国，至韩哀侯灭郑，自平阳徙都之，有溱洧二水，祝融之墟，黄帝都于有熊，亦在此也，本郐国之地。"《太平寰宇记》也说："新郑县，昔黄帝都于有熊即其地，又为祝融之墟，于周为郑武公之国。"

　　这些历史线索把黄帝的都城指向溱水和洧水。溱水和洧水是郑州东南部的两条古老的细小河流，《诗经》中有《溱洧》为证：

　　　　溱与洧，方涣涣兮。

　　　　士与女，方秉蕳（jiān）兮。

　　　　女曰观乎？士曰既且（cú，同"徂"），且往观乎！

　　　　洧之外，洵訏（xū）且乐。

　　　　维士与女，伊其相谑，赠之以勺（同芍）药。

　　　　溱与洧，浏其清矣。

　　　　士与女，殷其盈兮。

　　　　女曰观乎？士曰既且，且往观乎！

　　　　洧之外，洵訏且乐。

　　　　维士与女，伊其将谑，赠之以勺药。

　　（溱水长，洧水长，溱水洧水哗哗淌。小伙子，大姑娘，人人手里兰花香。妹说："去瞧热闹怎么样？"哥说："已经去过一趟。""再去一趟也不妨。"洧水边上，地方宽敞，人儿喜洋洋。女伴男来男伴女，你说我笑心花放。送你一把芍药最芬芳。

　　溱水流，洧水流，溱水洧水清浏浏。男也游，女也游，挤挤碰碰水边走。妹说："咱们去把热闹瞧？"哥说："已经去过一遭。""再走一遭也无妨"。洧水边上，地方平坦，人儿乐陶陶。男伴女来女伴男，你有说来我有笑。送你香草儿名芍药。）①

    这是首爱情诗，很美，描写三月初三上巳节溱洧河畔男女青年一起游春，互赠芍药的动人情景。近年来，河南省考古所对溱洧之间的古城寨遗址进行了发掘考古。已探明此城是一座中原龙山文化时期面积最大（城内外面积27万多平方米），城址保存最好，建筑规模最为宏伟的古城址。城中发现有大型宫殿基址和廊庑式建筑群，被认定是带有都邑性质的古城址。

    城内的文化遗存有仰韶晚期，龙山早、中、晚期和商、周时期等文化遗存，但以龙山早、中期文化为主，距今约4 000年至5 000年，和黄帝文化年代相对应。是否就是黄帝的都城呢？尽管有的史家认为，这就是黄帝的都城，但也有人认为，这是一个大胆的猜测，但还需要更多的考古证据。

新密古城寨遗址

    尽管我们不能确认这个地方就是黄帝的都城，但是可以确定的是，这个地方是当时农耕文化的一个中心区域。

---

① 余冠英：《诗经选》，中华书局，2012年版，第98-99页。

正是这样的中心，一个、二个、三个……农耕区域得以扩展，共同体的规模日益扩大，农耕文化的整体优势才能逐步显现出来。随之而来的是，中心位置和中心地位的观念也逐渐产生，正因如此，最早的中国出现了。

作为民族国家名称的中国是经过漫长的历史演化而来的，最初中国的本义是天下中心的意思，是一个文化和地理的概念，体现的是一种文化上的认知和自信。这种认知和自信源于何时，已不得而知。中国的中字，最早见于甲骨文和金文，"有旒（liú）之斾（pèi）"（飘扬的旗帜），众人围绕"中"（旗帜）聚集。

我们说"什么是最早的中国"，有两个最基本的前提：第一，既然讲中国，首先要有"国"的形成，要有国的出现；第二，要有"中"的形成。如果国家根本没有形成，无所谓"中国"；在国家形成后，我们知道有很多小的国家，如果没有一个文明中心对周边形成强大的吸引力，吸引他们加入其中，构成中国的核心地区，那也还没有"中"的形成。

中国的国字，繁体写作國，最早见于金文，写作或，及國。《说文》："邑，國也，从口。"口（音围），意

何尊

何尊铭文中的"中国"二字

为城垣。其内的戈字，表示武器，是武装保护城垣的意思。也就是说，中，指的是居中集众之旗，引申为中心，中央；国，是指执戈捍卫之城，引申为军事和政治中心。中和国连用，最早出现，见于周初的青铜器何尊的铭文，中央之城的意思。

中央之城是古城寨遗址吗？一定是其中的一个，尽管还无法确证它就是黄帝的都城。现在能确定的中央之城，是被考古界称为"最早的中国"的夏都城。[①]

夏朝，我国史书中记载的第一个世袭制朝代。司马迁给出了夏都位置的线索："昔三代之居，皆在河洛之间。"[②] 从1899年甲骨文被偶然发现，到1928年安阳殷墟开始发掘，商的存在被证实了。那么，夏在哪？1959年以来，随着二里头遗址的发掘，夏成为继殷商之后，也从传说中的历史，变成了信史。

这个遗址距今大约3 500～3 800年，位于洛阳盆地东部的偃师市境内，南临古洛河、北依邙山、背靠黄河，包括三个自然村的范围。遗址现存面积大约300万平方米，经过三代考古人60多年的发掘，目前精细发掘了4万多平方米。

其中，1号宫殿总面积达1万平方米，主殿坐北朝南，殿前是平整宽阔、四周围以廊庑和围墙的庭院，面积约0.5万平方米，可以容纳数千人。3号建筑基址的宫城面积超过10万平方米，有纵横交错的道路网，方正规矩的宫城，宫城内多组具有中轴线规划的建筑群，建筑群中多进院落的布局，以及坐北朝南的建筑方向等，此外在宫殿区大路还发现了车辙痕迹。据学者推算，二里头都城兴盛期的人口在2万人以上。这是一座精心规划、庞大有序、史无前例的恢宏城池，再现了当年赫赫夏都的文化辉煌。

有人说，中国是一个文明漩涡。漩涡是既有辐射也有辐辏，有些部族会被吸进来，有些部族会被甩出去，"中国"是对于四夷而言，对于蛮夷戎狄。中国对四夷有一种吸引力，所以周边很多族裔纷纷进入原来中心的地区，与

---

① 许宏：《最早的中国》，科学出版社，2009年版，第2页。
② 司马迁：《史记》第4册，中华书局，1982年版，第1371页。

偃师二里头宫城
遗址

中国融为一体，雪球越滚越大。

夏都城的发现，表明农耕文化群星灿烂时代的结束，开始进入所谓"月明星稀"的时代。夏就是这个明亮的月亮。它将清辉从"中国"洒向更为辽阔的土地，辐射四方，成为推动农耕生活方式拓展的一个强大的文化中心。继之而起的，是商和周，推进着中国版图扩大，农业文明的规模也越来越大，无可撼动。

其次，中国文明之所以能绵延不绝与其文化的取向有关。

夏的文化取向，司马迁讲得很清楚："夏之政忠，忠之弊，小人以野。"[1] 就是说，夏的文化内核是族群互信，无论是统治者还是被统治者，讲求相互忠诚，但是，最终被一些不认同这个价值观的人，以蛮力破坏了。

蛮力从哪里来？来自一项新技术的发现。青铜器，一项推动人类进步的重大技术，闪亮登场了。谁能率先拥有足够的青铜矿石资源，谁能率先掌握熟练的青铜冶炼和铸

---

[1] 司马迁：《史记》第 2 册，中华书局，1982 年版，第 393 页。

造技术，谁就能在部族赛跑中冲在最前，成为历史的领跑者，成为文明进程的主导者。这个幸运的部族就是商。

商的文化取向，《礼记》中说："殷人尊神，率民以事神，先鬼而后礼。"这个叙事得到了殷墟卜辞的证实。在殷墟（河南安阳小屯村）迄今发现了16万多片刻有文字的甲骨，几乎都是祭祀和占卜的原始记录，弥漫着浓厚的神秘气氛。

按理讲，商人有最先进的青铜武器，又有宗教信仰，应该强大无比，为什么被一个弱小的周部族推翻了呢？

司马迁说："殷人承之以敬，敬之弊，小人以鬼。"[①]原来敬神也好，敬祖先也好，全是做戏，信仰变成了戏法，失去了号召力和凝聚力。

周人起于阡陌，从弱小迅速崛起，进而取代强大的商，而商人族群强大，技术先进，军队众多，却失了天下，究竟背后的原因是什么呢？

周人会无数次追问这个问题。除了德，与商人比，他们的确别无所长。周人的德，就是平等对其他部族，所以能成为"八百诸侯会盟"的盟主。

张光直认为，周人的"德"几乎相当于殷商的"帝"，表明作为人格神的"帝"在意识形态的地位在周初已被结合天意和人事的"德"所取代。正是这种德，才使周人冥冥之中得到了上天的眷顾，所以周人坚信"天命靡常""惟德是辅"，所以要"敬德""明德"。因此，周人在政治和文化两个层面都实行了重大的变革。

《诗经》说："殷鉴不远，在夏后之世。"政治上，周人实行全新的分封制和宗法制，而文化上，实行制礼作乐。周人制礼作乐，就是想通过礼和乐两手来治国，以期从外在的社会规范和人的主观情志等方面实行全面的控摄，确保宗法等级秩序，即所谓"别贵贱，秩尊卑"，以确保"天无二日，士无二王，家无二主尊无二上"（《礼记·曾子问》）。

周人的礼，是其观念文化、制度文化和行为文化的集中体现，是其政治生活、文化生活和社会生活等各种行为规范的准则，包括内容和形式两个方面。内容上，一是"亲亲"，体现血缘宗族原则；二是"尊尊"，体现政治

---

① 司马迁：《史记》第2册，中华书局，1982年版，第393页。

等级原则。形式上，对祭祀、用兵、朝聘、婚丧制定了严格的合乎其等级的各种礼节和仪式，具体包括"五礼"。

《礼记·曲礼》中说："道德仁义，非礼不成；教训正俗，非礼不备；分争辨讼，非礼不决；君臣上下父子兄弟，非礼不定。"

王国维说，礼是周人为政之精髓。

乐，就是音乐。音乐是所有文化艺术门类中最通人情感的一门艺术，用于治国，足见周人文化取向的敏锐和独到。

礼与乐，在一起，形成礼乐文化，直指人的心灵和情感，从而实现教化效果的最大化。

这种文化取向，被儒家继承并发扬光大，影响中国文化几千年。

礼乐文化之所以长盛不衰，是因为，第一，它使中国文化发生根本性的转向，即从神本转向人本；第二，德治的道德力量深入人心；第三，礼乐实践给政治理想主义带来无限的憧憬。儒家继之而起，使其以非常强劲的力量，规范着中国人的生活行为、心理模式和是非观念，影响着中国人的思想、建造、器物和艺术等多个方面。

本书从思想、建造、器物和艺术四个方面，分别选取有影响力和代表性的文化类别，分12个专题，逐一进行深入的阐释和讲解，以期读者对中国文化和历史发展脉络有一定的了解。

目　　录

思　想

第一讲

孔　子

如果说，中国文化史上有一个最复杂的人物，那么，这个人物非孔子莫属；同样，如果有一个最复杂的文化学派，那么，这个学派当属儒家。关于孔子和儒家，虽已有过千言万语，但还会有千言万语要说。

一　孔子何以产生？

公元前771年，西周的最后一个君主幽王被犬戎所杀，西周结束。第二年周平王率众迁都洛邑，开始了历时500余年的东周时代。以公元前477年为界，东周又分为春秋、战国前后两期；战国时代结束于秦朝统一。

孔子，名丘，前551—前479，生活在春秋晚期。他所处时代有两个特点：一是"礼崩乐坏"，二是"百家争鸣"。"礼崩乐坏"指西周所建立的礼乐制度的崩溃，而"百家争鸣"则是一场空前的文化论争。这不是两个孤立的历史事件，而是"礼崩乐坏"是"百家争鸣"产生的条件，也就是说，如果没有"礼崩乐坏"就不会有"百家争鸣"。

一个文化辉煌时代的产生竟然是以礼乐文化制度的破坏为前提，是一个非常耐人寻味的历史文化现象。文化的发展和繁荣，一靠文化环境的营造，二靠文化创造者的创新。也就是说，春秋战国时期，这两个条件都满足了。

能够营造环境的最主要因素，则是政治，包括政治制度、政治权力、政治生态、政治格局等。总之，都与政治和权力有关。春秋以降，以分封制和宗法制为基础的政治制度摇摇欲坠，因而带来了政治权力体系、政治生态和政治格局的巨大变化。

这个变化的源头是周王权力的削弱，也就是处于政治制度中心的王权地位动摇了。削弱或动摇的原因，是周王被迫东迁成周洛邑，丢了大本营宗周。大本营的丢失，不但实力大减，而且威信也大大下降。此外，时间的风雨也把分封制和宗法制吹打得千疮百孔。许倬云说，西周分封，诚然有其巧妙之处，却也有先天带来的弊病，分封越多，宗周越弱；时间越久，亲情越疏。到西周晚期，厉王、幽王两代，即使中间夹了一代力求振作的宣王，终究因为天灾人祸，内忧外患，纷至沓来，宗周灭亡，王纲解组，那一个庞大的网络，一旦崩散。①

百家争鸣，是一场持续数百年之久的对周人政治和文化遗产的大思辨和大争论，实质是肯定还是否定；是维护还是打破。肯定和维护，是肯定和维护周的制度和周的文化，否定和打破，是否定和打破周的制度和周的文化。肯定和维护，是对周政体和文化双重肯定和维护；否定和打破，对周制度和文化的双重否定和打破。所谓百家，是对诸子蜂起，学派林立文化现象的一种概说。西汉的司马谈列举了主要的六家：阴阳、儒、墨、名、法、道，而东汉的刘歆列举了儒、墨、道、名、法、阴阳、农、纵横、杂、小说十家。

无论哪家，都具有鲜明的文化目的性：救时之弊。梁启超说他们"皆起于时势之需求而救其偏敝，其言盖含有相当之真理。"②胡适也说："吾意以为诸子自老聃、孔丘并与韩非，皆忧世之乱而思有以拯济之，故其学皆应时而生。"③

孔子是拉开"百家争鸣"时代大幕的人。他是周制度和文化的维护者，推崇礼乐文化，主张效法三代先王和周文王、周武王、周公。孔子说，"郁

---

① 许倬云：《我者与他者：中国历史上的内外分际》，生活·读书·新知三联书店，2015年版，第12–13页。

② 梁启超：《饮冰室专集·淮南子要略书后》，《中国古代学术流变研究》，山西人民出版社，2014年版，第2页。

③ 胡适：《胡适文存》（上册，卷二），中央编译出版社，2013年版，第31页。

郁乎文哉，吾从周"①，自己是"述而不作，信而好古"②，定位于周文化的传述者。正是他的传述，给周文化注入了新的时代内容，而由他创立的儒家学派则把这一传统发扬光大，绵延不绝。

孔子出身寒微，他原本是破落的"士"阶层，在宗法制的等级社会中，根本没有出头的机会，是什么让他能够脱颖而出呢？

从外部环境看，时代给孔子提供了一个宽广的舞台。周王室的衰微，直接导致两个后果。一是知识阶层从宫廷走向民间。过去知识阶层在礼乐制度的体制内是为王室服务的，如今"皮之不存，毛将焉附"？吃官饭的知识阶层，许多人不得不离开体制。如身为周王室守藏史的老聃，"见周之衰，乃遂去"，西出函谷关，在终南山著书兴学。知识阶层走向民间，自食其力，自谋职业，从而带动了私学的兴起。从"学在王官"到"天子失官，学在四夷"，③ 是一个历史性的转变，打破了贵族对知识文化的垄断，平民阶层有了接受教育的机会。鲁国乐师师襄、郯国郯（tán）子、郑国的邓析，以及苌弘、王骀（dài）等都纷纷开办私学，私学规模蔚为可观。孔子也以办私学为业，并以此作为拓展事业的基础。

另一个后果是，周王室对诸侯失去了控制，诸侯国成为独立的政治实体。而众多的政治实体意义在于，这些政治实体拥有自主权，为了扩大自己的利益，需要知识阶层的智力和其他方面的帮助，这样就为知识阶层的增值和流动提供了很大空间。而私学兴起，一批庶民中的佼佼者，通过接受教育，掌握了专业技能，也跻身于士的队伍。他们与旧士不同，较少受宗法关系的束缚。实际上，他们都是社会中有专业知识和专业技能的知识阶层。由于各个政治实体间的竞争，使得知识阶层的价码飙升，也使他们摆脱各种人身依附关系，拥有独立的身份，而成为特殊的人才商品，寻找机遇一展自己所长和抱负。孔子和他的弟子们正是在这样时代空间里，找到了自己的舞台。进可以参与政治，退可以守护学业。

从孔子成长背景看，处在一个礼乐文化浓厚的环境之中。他生于鲁国，

---

① 杨伯峻：《论语译注》，中华书局，1980 年版，第 28 页。
② 杨伯峻：《论语译注》，中华书局，1980 年版，第 66 页。
③ 杨伯峻：《春秋左传注》，中华书局，2016 年版，第 1541 页。

长于鲁国。鲁国是周公长子伯禽的封国，而周公就是主持制礼作乐的人，所以鲁国是实行礼乐文化的模范国家。据《史记·鲁周公世家》记载，周公的儿子伯禽到任后，"变其俗，革其礼"①。一方面，孔子一直受礼乐文化的熏陶，丰富的礼乐文献，良好的文化传统，对他的成长产生极大的影响，塑造了他的政治和文化的价值取向。

另一方面，他又目睹了太多的"乱臣贼子"，犯上作乱几乎是家常便饭。上有周王室的王子朝攻逐敬王；中有鲁昭公被季氏驱逐，卫国有蒯聩出公父子争国，齐国有崔杼、陈恒先后弑君，楚国有平王弑杀灵王，吴国有阖闾弑王僚；下有卿大夫的坐大，相互算计或残杀，如鲁国有三桓（孟孙、叔孙、季孙），郑国有七穆（驷、罕、国、良、印、游、丰），齐国有高、崔、田、庆，卫国有孙、宁，晋国有六卿（范、中行［háng］、智、韩、赵、魏）……他们为了自身的利益，置礼乐制度于不顾，而社会需要有人挺身而出，成为礼乐制度的维护者和捍卫者。

从孔子自身看，"吾十有五而志于学"，他非常好学，"十室之邑，必有忠信如丘者焉，不如丘之好学也"②。而且边学习边打工，他三岁丧父，很小就挑起了生活的重担，"吾少也贱，故多能鄙事"。这种独特的生活经历使他"三十而立"，确立了人生的远大志向。他说："士不可不弘毅，任重而道远。"这个道就是道义，是关乎社会的公道和正义，是大道，而不是个人升官发财的小道。这个志向明确后，他没有动摇过，一生为之矢志不渝。

二　孔子何以成名？

钱穆说，孔子是中国历史上第一大圣人。在他之前，有二千五百年的文化积累，孔子集其大成；在他之后，又有二千五百年的演进，孔子开其新统。在五千年的历史进程中，对文化理想的建立，孔子影响最深贡献最大，没有

---

① 司马迁：《史记》，中华书局，1982年版，第1524页。
② 杨伯峻：《论语译注》，中华书局，1980年版，第53页。

人可以与他相比。①

孔子一生，早年从教，中年从政，晚年整理文化典籍，而从教贯穿始终。有人称他是政治家、教育家和学问大家，这些称谓都不为过。但是在他所从事的事业中，究竟是什么东西能让他名垂青史呢？

是他的政治事业吗？应该说，在所有事业中，政治一直是他孜孜以求的，"三月无君，则皇皇（皇通"惶"）如也"（《孟子·滕文公下》），则是对他的真实写照。他也很自信："苟有用我者，期月而已可也，三年有成。"②严格地说，他从政时间很短。51岁出任中都宰，52岁以礼官身份陪同鲁定公在夹谷与齐侯会晤，54岁以大司寇的身份率领军队"堕（huī）三都"，55岁离开鲁国，开始长达13年的"周游列国"。如果以在鲁国任职时间算，只有4年，如果都算，前后17年，但能被称道的政治作为，也只是通过"堕三都"的行动，打击鲁国贵族，维护国君的地位，但这次行动失败了。而在卫、陈、曹、宋、蔡、郑、楚等国，他并没有得到重用，政治上无所建树。因此，作为政治家的孔子，在当时或之后一段时间，都影响甚微。

是他的教育事业吗？孔子无疑是成功的教育家。他"以诗书礼乐教，弟子三千，身通六艺者，七十有二人"。③他曾对学生子夏说过这样的话，"女为君子儒，无为小人儒"。④也就是说，他的学生可以分成两类，一种是君子儒，一种是小人儒。什么是小人儒？刘起釪（yú）说，孔子所办的私学，相当于一个丧葬职业学校，培训大批从事丧礼的专业人员。周礼很多，而丧礼无论对贵族还是老百姓都是必需的，而且特别烦琐，需要专业人员来操办。小人儒，大概就是这类人，而君子儒是他用心培养的，六艺（礼、乐、射、御、书、数）俱佳，能与他一起实践政治理想的人。但孔子死后，这些人就分裂了，分成了八派，而为实践政治理想而奋斗的少之又少。

是他的学术事业吗？孔子68岁回到鲁国，一直到去世，专心从事研究。政治理想的实践失败了，他想留下文字，使这种理想得以流传。一是修《诗》

① 钱穆：《孔子传》，九州出版社，2017年版，第1页。
② 杨伯峻：《论语译注》，中华书局，1980年版，第137页。
③ 司马迁：《史记》，第6册，中华书局，1982年版，第1938页。
④ 杨伯峻：《论语译注》，中华书局，1980年版，第59页。

《书》，二是订《礼》《乐》，三是作《易》和《春秋》。尽管这六本书到了汉代被奉为"六经"，但从学术研究角度看，却掺杂太强的政治功利。如《诗经》，司马迁说，"古者《诗》三千余篇，及至孔子，去其重，取可施于礼义"，① 只剩下305篇，他自己说："《诗》三百，一言以蔽之，曰：思无邪。"② 又如《春秋》，孟子说："孔子成《春秋》，而乱臣贼子惧。"（《孟子·滕文公下》）例如，他把晋文公传见周天子，写成"天王狩于河阳"，尊奉王室，贬损乱臣贼子。梁启超说，如果《春秋》算史书，那么孔子则是拙劣的史家。③

既然上述三项事业都不能使他名垂青史，而他的的确确是一个永垂不朽的人物，那么究竟是什么使他两千多年来一直被人传颂或谈论？一般认为，是他的思想，他是作为思想家而被人长久地记取。当然，作为思想家也不是没有争议的。黑格尔说，孔子和他弟子们的谈话，里面所讲的是一种常识道德，这种常识道德我们在哪里都找得到，在哪一个民族里都找得到，可能还要好些，这是毫无出色之点的东西。孔子只是一个实际的世间智者，在他那里思辨的哲学是一点也没有的——只有一些善良的、老练的、道德的教训，从里面我们不能获得什么特殊的东西。④ 从表面上看，黑格尔讲得没错，但他不了解中国这块土地上的受众，不了解他们心中对政治理想的憧憬、对实现理想的路径和个人该如何作为的思考，而这些孔子都替他们说出来了。

首先，说出了人们心中的理想政治。最高理想是"大同"社会，即："大道之行也，天下为公，选贤与能，讲信修睦，故人不独亲其亲，不独子其子，使老有所终，壮有所用，幼有所长，鳏（guān）、寡、孤独、废疾者皆有所养……是故谋闭而不兴，盗窃乱贼而不作，故外户而不闭，是谓大同。"⑤ 而初级理想则是"小康社会"，"城郭沟池以为固，礼义以为纪，以正君臣，

---

① 司马迁：《史记》，第6册，中华书局，1982年版，第1936页。
② 杨伯峻：《论语译注》，中华书局，1980年版，第11页。
③ 梁启超：《孔子与儒家哲学》，中华书局，2016年版，第63页。
④ 黑格尔：《哲学史讲演录》（第一卷），贺麟、王太庆译，商务印书馆，1983年版，第119页。
⑤ 潜苗金：《礼记译注》，浙江古籍出版社，2007年版，第268页。

以笃父子，以睦兄弟，以和夫妇，以设制度，以立田里。……刑仁讲让示民有常……是谓小康。"[1] 中国不是宗教社会，孔子说，"敬鬼神而远之"[2]，所以中国人对"天国""来世"没有什么期待，他们憧憬的是美好的现世社会，因此这种淑世理想就变成了信仰，矢志不渝，世代相传。

其次，提供了淑世理想的实现路径。孔子以"克己复礼"为毕生的事业，提出"非礼勿视，非礼勿听，非礼勿言，非礼勿动"，[3] 认为礼崩的原因，是"德"的缺失，所以他用一个全新的核心概念来诠释"礼"，这个概念就是"仁"。

"仁"究竟是什么含义，孔子本人并没有一个特别明确的说法。《论语》中论及"仁"的俯拾皆是，但都是就事论事，说哪些具体事情符合"仁"或者不符合"仁"，而在回答樊迟时说，就是"爱人"。[4] 如何爱人？"忠恕而已矣。"[5] 何为忠？"己欲立而立人，己欲达而达人"，就是自己要站得住，也要使别人站得住；自己要行得通，也要使别人行得通。[6] 何为恕？"己所不欲，勿施于人"，就是自己不喜欢的事，就不要强加给别人。[7]

孔子对仁的论述非常独到，不是谈大道理，而是从个体的亲情出发，直指人心。由此推己及人，由亲及疏，由近及远，由家庭到社会，从而达到"泛爱众而亲仁""博施于民而能济众"。例如他说，"孝悌（tì），仁之本"，为此，"父母之年，不可不知也。一则以喜，一则以惧""父母在，不远游，游必有方"。这样讲述，礼就不再是干巴巴的教条，而变得有血有肉。他说，丧礼和祭礼是非常重要的，叫作"慎终"（慎重送别死去的父母）和"追远"（追怀自己的祖先）。"子生三年，然后免于父母之怀"，这样礼就不是在别人强迫下做的，而是完全出于个体亲亲的真实情感。

---

① 潜苗金：《礼记译注》，浙江古籍出版社，2007年版，第269页
② 杨伯峻：《论语译注》，中华书局，1980年版，第61页。
③ 杨伯峻：《论语译注》，中华书局，1980年版，第123页。
④ 杨伯峻：《论语译注》，中华书局，1980年版，第131页。
⑤ 杨伯峻：《论语译注》，中华书局，1980年版，第39页。
⑥ 杨伯峻：《论语译注》，中华书局，1980年版，第65页。
⑦ 杨伯峻：《论语译注》，中华书局，1980年版，第123-124页。

以"仁"释"礼"的意义在于，把整体的社会外在规范（"礼"）转化为个体的内在道德伦理意识的自觉要求（"仁"），进而设计发展人格和修身治国的方案，从而为维护周的政治和文化制度提供了切实可循的路径。①在孔子看来，有了"仁"这个基础，"礼"就可以得到维护。"人而不仁如礼何？"就是这个意思。如果能恢复"礼"的基本要求，即"君君、臣臣、父父、子子"，②那么，社会就会重新恢复秩序，通往小康和大同社会的大道就清晰可见了。

最后，坦陈了读书人应该承担的政治责任。实践"仁"，恢复"礼"，靠谁去带头去实行呢？当然是靠君子。《论语》中多次谈及君子，孔子把君子作为读书人追求的理想人格，并鼓励学生努力成为君子。"圣人，吾不得而见之矣；得见君子者，斯可矣。"③怎样才能成为君子？他说，一要"修己以敬"，二要"修己以安人"，三要"修己以安百姓"，又说君子有四道，"其行己也恭，其事上也敬，其养民也惠，其使民也义"，④可见，孔子具有强烈的政治参与和责任担当意识，从而成为读书人与政治不解之缘的源头。尽管他仕途不顺，但他的政治勇气和坚韧不拔的意志也一直激励着后来的读书人。"堕三都"，非超人的政治勇气，不可能去一搏；在外十三年，"颠沛流离，游说列国，惶惶如丧家之犬，不可终日"，非坚定的政治意志和顽强的毅力，绝不可能做到。

三　孔子何以复杂？

有人说孔子并不复杂，认为阅读《论语》，去掉他圣人的光环，他只是人，一个出身卑贱，却以古代贵族（真君子）为立身标准的人；一个好古敏求，学而不厌、诲人不倦，传递古代文化，教人阅读经典的人；一个有道德学问，却无权无势，敢于批评当世权贵的人；一个四处游说，替统治者操心，拼命劝他们改邪归正的人；一个古道热肠，梦想恢复周公之治，安定天下百姓的人。他很栖惶，也很无奈，唇焦口燥，颠沛流离，像条无家可归的流浪狗，确切地说，他是中国的堂吉诃德。[1]

也有人认为孔子是复杂的，之所以复杂，是因为他是矛盾的，平时说的和掌权时做的不一样。比如他的政治主张，和他达到这种主张的手段就是矛盾的。他的目的是霸业，他的手段是仁、是恕，但他知道仁、恕这一套谁也不会听，所以掌握权力后，他的做法却是和管仲、商鞅是一样的。杀少正卯，隳三都，已见端倪。他自己心里明白，仁、恕是讲给别人听的，是教化芸芸众生的，至于当权的人要成霸业，不心狠手辣，芟（shān）除异己是不行的。而他对管仲的称道，为当代人的"大节小节论"做了榜样。[2] 有人认为，孔子不光言行不一，言论也有自相矛盾的地方。如他把中庸挂在嘴边，"君子之中庸也，君子而时中"，也一再强调"有教无类"，却又说出"唯女子与小人为难养也，近之则不逊，远之则怨"之类的话，既偏颇，又刻薄，等等。

孔子的复杂主要是源于对他的造神运动。两类人不遗余力地把他推向神坛，一类是读书人，一类是掌权者。有人指出，孔子由人变神的过程，从他死后便开始了，至东汉初而登峰造极，时间长达五百年。大概地说，那五百年间，孔子形象凡四变：由子贡作俑，使孔子由普通贤人一变而为超级贤人；由孟轲发端，荀况定型，使孔子从贤人再变为圣人，凌驾于世俗王侯之上而在人间不得势的圣人；由董仲舒首倡，西汉今文博士们应和，使孔子从不得志的圣人，三变为接受天启、为汉制法的"素王"；由王莽赞助在先，刘秀提倡于后，使孔子从奉天命为汉朝预做一部法典的"素王"，四变为传达一切天意的通天教主。[3]

其实，真正改变孔子命运的是汉武帝刘彻。"独尊儒术"是孔子和儒家的一个转折点，政治权力的介入，直接导致了儒家学说的经典化和神圣化。孔子当年删订和创作的六本书成了"六经"。由于汉武帝推行"以经取士"

---

① 李零：《丧家狗：我读〈论语〉》，山西人民出版社，2008 年版，第 7 页。
② 顾准：《顾准文集》，华东师范大学出版社，2014 年版，第 141-142 页。
③ 朱维铮：《历史的孔子与孔子的历史》，https://www.sohu.com/a/431292028_788167。

的选官制度，直接把学问与做官捆绑在一起，使得天下学士趋之若鹜，纷纷加入这支以受业习经、传经、注经、解经为志业的文化大军，而儒生们既是为了投桃报李，也是为了对自身职业的美化，顺势而为，进一步推动经学的神圣化。

在把儒家经典神圣化的同时，对孔子的造神运动也持续不断。谶纬神学红极一时，此学进一步把儒家经典加以神化，甚至认为孔子就是神。《春秋纬演孔图》说，孔子是其母与黑帝交媾而生的，把儒家的经典说成是"陈天人之际，述天地之心，记异考符，与天地同气，为万姓求福于皇天"的神书。《孝经·右契》说："孔子志在《春秋》，行在《孝经》。"所以汉代人普遍地认为，《春秋》是孔子为汉朝制作的，是一王之法，作《春秋》的孔子是圣人，又是素王。顾颉刚则一语道破："把所有的学问，所有的神话都归纳到《六经》的旗帜下，使得孔子真成个教主，《六经》真成个天书，借以维持皇帝的位子。"①

汉武帝为什么要选择儒家呢？因为儒家最适合皇家的政治需要。秦始皇迷信权力，以严刑峻法治国，结果二世而亡。汉武帝不想重蹈覆辙，想用一套话语术，黏合统治者和百姓之间裂痕，把"我"是"我"、"你"是"你"的这种对立关系，变成"我们"，而儒家的说辞正好符合这个要求。范文澜说："士在未出仕时，生活接近庶民或者过着庶民的生活，还能看到民间的疾苦，懂得节用而爱人，使民以时；当他求仕干禄向上看时，表现出迎合上层贵族利益的保守思想，当他穷困不得志向下看时，表现出同情庶民的进步思想。士看上时多，看下时少，因此士阶层思想保守性多于进步性，妥协性多于反抗性。"而"孔子学说是士阶层思想的结晶"。②

"独尊儒术"是历史上统治集团与儒家文化群体的一次最大的交易。交易的结果是，首先，儒家文化取得了意识形态的主导地位，儒家文化群体参与到统治集团；而统治集团取得了文化的护卫，帝国的专制制度得以巩固。其次，政治参与文化的塑造，儒家文化越来越成为为政治集团服务的工具。

---

① 顾颉刚：《汉代学术史略》，人民出版社，2008 年版，第 92 页。
② 范文澜：《中国通史简编》（上册），商务印书馆，2010 年版，第 217 页。

图1-1 孔子画像 （明代 佚名）

正是皇帝和儒生们的合力，最终把孔子推上了"大成至圣先师"的位置。

司马迁描绘过孔子的长相，说他"生而首上圩顶"。就是头顶四周高，中部有凹陷，又身高九尺六寸，应该说是一个长相奇伟的人。但他不是圣人，更不是神，他只是一个正常人。

今天他仍在被人学习，被人尊重，也被人批评。但愿不再被人神话。

第二讲

老　子

如果说孔子复杂，那么老子则是神秘。之所以神秘，一是因为他的身世不明，二是因为他的著作高深。

他的身世扑朔迷离。司马迁说："老子者，楚苦县厉乡曲仁里人也，姓李，名耳，字聃，周守藏室之史也。"并说孔子向老子求教后，对弟子说："鸟，吾知其能飞；兽，吾知其能走；走者可以为罔（网），游者可以为纶（lún），飞者可以为矰（zēng）。至于龙，吾不能知其乘风云而上天。吾今日见老子，其犹龙邪！"[①]

司马迁在同篇中还记叙了两个人名，一个叫老莱子，也是楚国人，也是道家，也与孔子同时代，还有一个是周太史儋（dān），他预言了在孔子死后129年周、秦分裂，有人说这个人就是老子，也有人说不是。

围绕司马迁的叙事，有不同的理解。梁启超说，一个老莱子，一个太史儋，究竟与老子是一个人，还是二个人或三个人，连司马迁都搞不清楚。[②]冯友兰认为，老聃和李耳是两个人，前者是"古之博大真人"，后者是战国时期的"老学之首领"。[③]钱穆说，究竟有没有老子这个人，《道德经》

---

① 司马迁：《史记》，中华书局，1982年版，第2139页。
② 梁启超：《老子、孔子、墨子及其学派》，北京出版社，2016年版，第12页。
③ 冯友兰：《中国哲学史》（上册），商务印书馆，2011年版，第46页。

究竟是谁写的，都不能确定。① 而陈鼓应则认可司马迁的叙事，认为老子与孔子同时代，大约比孔子年长 20 岁。② 李零说，老子和老莱子就是同一个人。③

老子的著作就叫《老子》，或叫《道经》《德经》《道德真经》，《德道经》，现在通常叫《道德经》。全书分为 81 章，分为道篇和德篇两个部分，只有 5 000 余字。或许所用概念太过深奥，或许是叙事太过思辨，或许其他原因，而显得很高深。

与孔子简易的叙事不同，孔子是从共情的视角，用"仁"释"礼"，读者很容易理解，就像树上的桃子，摘下来就可以吃，老子不谈情，只谈哲理，而且按照设定的逻辑结构来谈，就像剥竹笋一样，只有一层层地剥去笋衣，才能看到笋心。

读者这时才会发现，其实老子关注的与孔子一样，也是政治和政治伦理，谈的也是政治哲学和伦理哲学。不同的是，孔子是周制度和周文化的维护者，并以合作者的身份参与救世，而老子则是周制度和周文化的否定者，是以导师的身份提出了批评并给出新的救世方案。那么老子是如何精心培育他的这棵竹笋，让它长得那么密密实实的呢？

一 何为道？

老子叙事非常独特，也非常独到，层层深入。他谈政治和伦理，不是就事论事，也不是直接给出结论，而是先讲依据，再讲过程，最后才讲重点，即人和政治，让读者跟着他的思路和逻辑思考，使人容易理解和接受。

老子的立论的依据是"道"。道既是老子叙事的起点，也是他思想体系中的核心概念。何为道？他开门见山，"道可道，非常道；名可名，非常名"（第一章）④，凡是言语可以说出来的道，不是亘古不变的道；凡是可以标

① 钱穆：《庄老通辨》，生活·读书·新知三联书店，2005 年版，第 13-23 页。
② 陈鼓应：《中国哲学的创始者：老子新论》，中华书局，2015 年版，第 6 页。
③ 李零：《人往低处走》，生活·读书·新知三联书店，2014 年版，第 3 页。
④ 陈鼓应：《老子注译及评介》，中华书局，2009 年版，第 53 页。

注出来的名，不是亘古不变的名。这是一个总论，一个概述，他还是试图从多个层面描述这个道。

首先，道的状态如何？

也就是说，它是什么样子的？第二十五章中说：

> 有物混成，先天地生。寂兮寥兮，独立而不改，周行而不殆，可以为天下母。吾不知其名，字之曰道。①

老子认为，有个东西浑然一体（"有物混成"），不知道它的名字，勉强把它叫作道。为什么只能勉强叫它道呢？第十四章中说：

> 视之不见名曰夷；听之不闻名曰希；搏之不得，名曰微。此三者不可致诘（jié），故混而为一。其上不曒（jiǎo），其下不昧，绳绳不可名，复归于无物。是谓无状之状，无物之象，是谓惚恍。迎之不见其首，随之不见其后。②

因为它无色、无声、无形，既看不见，听不到，也摸不着，所以只能把这个看不见头，也看不见尾，没有形状的形态，没有物体的形象，叫作恍惚（上文作"惚恍"）。那么恍惚又是什么呢？第二十一章中说：

> 道之为物，惟恍惟惚。惚兮恍兮，其中有象；恍兮惚兮，其中有物。窈（yǎo）兮冥兮，其中有精；其精甚真，其中有信。③

道虽然没有固定的形状的，看起来若有若无的样子，但是就是在这种恍

---

① 陈鼓应：《老子注译及评介》，中华书局，2009 年版，第 159 页。
② 陈鼓应：《老子注译及评介》，中华书局，2009 年版，第 113 页。
③ 陈鼓应：《老子注译及评介》，中华书局，2009 年版，第 145 页。

恍惚惚中，它却有迹象（"其中有象"），就是在这种恍恍惚惚中，它也有实物（"其中有物"），深远暗昧中，它却有精质，这精质是真实的，也是可以信验的。

其次，道的地位如何？

也就是说，它与万物万事是什么关系？第二十五章说它"可以为天下母"，也就是说，它是万物万事的源头，是万物万事的本体。第一章中说，"无名天地之始，有名万物之母"，[①]说无，是天地的本始；有，是万物的根源。五十二章中也说，"天下有始，以为天下母"。[②]第四章中说：

> 道冲，而用之或不盈。渊兮，似万物之宗。湛兮，似或存。吾不知其谁之子，象帝之先。[③]

是说道是虚空的，但它的作用又是无穷无尽的；渊深啊，它似乎是万物的宗主；幽隐啊，似无而实存；我不知道它从哪里产生，但可以称它为天帝的祖宗。老子还怕这样叙述不够清楚，便用比喻，来进一步描述。第六章中说：

> 谷神不死，是谓玄牝。玄牝之门，是谓天地根。绵绵若存，用之不勤。[④]

生养天地万物的道（即"谷神"）是永不停息的，这就是微妙的母性生殖系统，而这微妙的母性生殖之门，就是天地的根源。它绵延不绝地存在着，无穷无尽作用着。那么，这种作用的次序又是怎样的呢？第四十二章中说：

---

① 陈鼓应：《老子注译及评介》，中华书局，2009 年版，第 53 页。
② 陈鼓应：《老子注译及评介》，中华书局，2009 年版，第 259 页。
③ 陈鼓应：《老子注译及评介》，中华书局，2009 年版，第 71 页。
④ 陈鼓应：《老子注译及评介》，中华书局，2009 年版，第 80 页。

道生一，一生二，二生三，三生万物。①

这里的一、二、三，是形容道创生万物的层次，以道为母体和源头，一层一层地向下推进，创生万物。道生成混沌未分的统一体，进而产生天地，天地生出阴阳之气，阴阳之气相交形成各式各样的新生体，而这些新生体所依据的规则又是怎样的呢？第二十五章中说，"人法地，地法天，天法道，道法自然"，② 也就是人取法地，地取法天，天取法道，而道纯任自然。从源头看，是层层下移，而从万物看，是层层上效。

最后，道的规律如何？

也就是说，道究竟是以一种什么样的规律运动的呢？老子说："反者，道之动。"（第四十章）③ 这就是道的根本规律。老子的"反"，有两层含义，一是"相反"的"反"，即相反对立；二是"复返"的"返"，即循环往复。

老子认为，所有事物都是在相反对立的状态下形成的。第二章中说：

有无相生，难易相成，长短相形，高下相倾，音声相和，前后相随。④

《道德经》中相互对立的事物比比皆是，如"牝与牡""雌与雄""黑与白""陵与谷""荣与辱"等，这些事物互为对立面，又相反相成，所以老子说，"天下皆知美之为美，斯恶已；皆知善之为善，斯不善已"。美和丑、善和恶是相对而言的，说一个东西是美的，实际上是以一个丑的东西做对照的，如果没有所谓的丑，也就没有所谓的美，反之亦然。不但如此，这些相反对立的状态也是可以相互转化的，第五十八章中说：

---

① 陈鼓应：《老子注译及评介》，中华书局，2009 年版，第 225 页。
② 陈鼓应：《老子注译及评介》，中华书局，2009 年版，第 159 页。
③ 陈鼓应：《老子注译及评介》，中华书局，2009 年版，第 217 页。
④ 陈鼓应：《老子注译及评介》，中华书局，2009 年版，第 60 页。

祸兮，福之所倚；福兮，祸之所伏。①

老子认为一切事物都在对立的情形下交互变化着，这种对立转化的规律不胜枚举，如第二十二章中说："曲则全，枉则直；洼则盈，弊则新；少则得，多则惑"，②第四十二章中说："故物或损之而益，或益之而损。"③

老子"反"的另一层含义是"返"。他说："玄德深矣远矣，与物反矣，然后乃至大顺。"（第六十五章）④意思是玄德好深好远啊，与事物复归到真朴，才能达到最大的和顺。这里的"反"，不是相反，而是回"返"，返回到道的本性，即回到"自然"。

二 何为德？

那么，什么是"自然"呢？"自然"，是道的本性，也是道总的特性。它并非指客观存在的自然界，而指万物万事的一种自然而然、顺应变化规律的状态。为什么要回到自然？因为"道法自然"，而万物万事又以道为法则。那么道究竟有哪些法则呢？第五十一章中说：

> 道生之，德畜之，物形之，器成之。是以万物莫不尊道而贵德。道之尊，德之贵，夫莫之爵而常自然。故道生之，德畜之；长之育之，亭之毒之，养之覆之。生而不有，为而不恃，长而不宰。是谓玄德。⑤

这段话的意思是，道生成万物，德养育万物。万物呈现各种形态，环境使万物生长。所以，万物没有不尊崇道没有不珍贵德的。道之所以被尊崇，德之所以被珍贵，就在于道生长万物而不加以干涉，德养育万物而不加以主

---

① 陈鼓应：《老子注译及评介》，中华书局，2009 年版，第 279 页。
② 陈鼓应：《老子注译及评介》，中华书局，2009 年版，第 150 页。
③ 陈鼓应：《老子注译及评介》，中华书局，2009 年版，第 225 页。
④ 陈鼓应：《老子注译及评介》，中华书局，2009 年版，第 299 页。
⑤ 陈鼓应：《老子注译及评介》，中华书局，2009 年版，第 254 页。

宰，而是顺其自然。所以，道生长万物，德养育万物，使万物生长发展，成熟结果，使其受到抚养和保护。生长万物而不据为己有，兴作万物而不自恃己能，养育万物而不主宰，这就是最深的德。

这里出现了第二个核心概念，德。何为德？德是万事万物依从道而应该有的样子，是万事万物应该具备的本性。道是源头，德是桥梁，连接道与万事万物。既然道的本性是"自然"，那么万事万物依从道应该成为什么样子呢？它们的本性又应该是什么样子呢？

一是"虚"和"静"。老子认为，"清静为天下正"（第四十五章）。[①]他说："致虚极，守静笃。万物并作，吾以观其复。夫物芸芸，各复归其根。归根曰静，是谓复命。复命曰常，知常曰明。不知常，妄作，凶。知常容，容乃公，公乃全，全乃天，天乃道，道乃久，没身不殆。"（第十六章）[②]

老子认为，要专心于"致虚"和"守静"。从万物生长中，他看到了万物循环往复的道理。万物纷纷芸芸，各自返回它的本根。回到本根，叫作清静，清静叫作回归生命。回归生命就叫作认识自然（即永恒的规律），认识自然叫作明白。不认识自然，轻举妄动就会出乱子。认识道的常规，才能包容，包容才能公平，公平才能周全，周全才符合自然，符合自然才符合道，符合道才能长久，才能永久免于危殆。

第五章中说，"天地之间，其犹橐籥（tuó yuè）乎？虚而不屈，动而愈出"。[③]老子认为，天地之间，不就像个风箱吗？空虚不会穷尽，发动起来就会源源不断。在第四十一章中，老子又以山谷为喻，认为"上德若谷"，[④]山谷虽然虚空，却能汇集四面八方的水流。作为虚的反面，就是"盈"，第九章中说，"持而盈之，不如其已"，[⑤]与其满溢，不如适时停止。而静的反面则是"躁"，二十六章中说，"重为轻根，静为躁君"（厚重是轻率的根本，静定是躁动的主帅），"轻则失本，躁则失君"（轻率就失去了根本，

---

① 陈鼓应：《老子注译及评介》，中华书局，2009 年版，第 236 页。
② 陈鼓应：《老子注译及评介》，中华书局，2009 年版，第 121 页。
③ 陈鼓应：《老子注译及评介》，中华书局，2009 年版，第 74 页。
④ 陈鼓应：《老子注译及评介》，中华书局，2009 年版，第 221 页。
⑤ 陈鼓应：《老子注译及评介》，中华书局，2009 年版，第 89 页。

躁动就失去了主体）。①

二是"柔弱"和"不争"。《吕氏春秋·不二》中说："老聃贵柔，孔子贵仁。"老子自己也说，"弱者道之用"（第四十章）②他认为，正是道所表现出来的柔弱这个特性，才使得万物没有强力的逼迫，而是自生自长的。在第七十六章中说：

> 人之生也柔弱，其死也坚强。草木之生也柔脆，其死也枯槁。故坚强者死之徒，柔弱者生之徒。是以兵强则灭，木强则折。强大处下，柔弱处上。③

所以老子说"柔弱胜刚强"（第三十六章），④"天下之至柔，驰骋天下之至坚"（第四十三章）。⑤他以水为例，做了形象生动的阐释，第七十八章中说：

> 天下莫柔弱于水，而攻坚强者莫之能胜，以其无以易之。弱之胜强，柔之胜刚，天下莫不知，莫能行。⑥

水有两个特点，一是柔弱，水性至柔，但滴水可以穿石。水在柔弱宁静中，可以积聚强大的力量，冲破世界上的一切障碍。二是求下。人往高处走，水往低处流。老子说："水善万物而不争。"（第八章）⑦水的最高的德行就是"不争"。"水善利万物而不争，处众人之所恶，故几于道。"（第八章）他认为，水善于滋润万物而不与万物相争，停留在众人都不喜欢的地方，所以最接近于道的本性。因此，"上善若水"（第八章），水具有最高的善，

---

① 陈鼓应：《老子注译及评介》，中华书局，2009 年版，第 166 页。
② 陈鼓应：《老子注译及评介》，中华书局，2009 年版，第 217 页。
③ 陈鼓应：《老子注译及评介》，中华书局，2009 年版，第 330 页。
④ 陈鼓应：《老子注译及评介》，中华书局，2009 年版，第 198 页。
⑤ 陈鼓应：《老子注译及评介》，中华书局，2009 年版，第 232 页。
⑥ 陈鼓应：《老子注译及评介》，中华书局，2009 年版，第 337 页。
⑦ 陈鼓应：《老子注译及评介》，中华书局，2009 年版，第 86 页。

是最高的"德"。

三是"复归于婴儿"（第二十八章）。[①]老子认为，万事万物中，除了水，还有一个也最接近道的本性就是婴儿，也就是说，婴儿与自然状态非常接近。那么婴儿是一种什么状态呢？第五十五章说：

含德之厚，比于赤子。蜂虿（chài）虺（huī）蛇不螫，攫鸟猛兽不搏。骨弱筋柔而握固。未知牝牡之合而脧（zuī）作，精之至也。终日号而不嗄（shà），和之至也。[②]

含德深厚的，就好比初生的婴孩。蜂蝎毒蛇不咬伤他，凶鸟猛兽不搏击他。他的筋骨柔弱却握紧拳头。他还不知道男女的交合，小生殖器却自动勃起，这是精气充足的缘故。他整天啼哭，嗓子却不会沙哑，这是元气醇和的缘故。老子认为，婴儿的状态——无知、无欲、纯净、真实，婴儿拥有"童心"和"赤子之心"。

老子问："专气致柔，能如婴儿乎？"（第十章）[③]他认为，"常德不离，复归于婴儿"（第二十八章）[④]，只要永恒的德性不要离失，就能回复到婴儿般单纯的状态。他说，"圣人皆孩之"（第四十九章），[⑤]又说，"我独泊（bó）兮，其未兆，如婴儿之未孩"（第二十章），[⑥]意思是，我独自淡泊宁静，无动于衷，混混沌沌啊，如同婴儿还不会发出嬉笑之声。

三　人何为？

说道也好，说德也好，其实都是溯源，都是背景，都是依据，也都是引子，重点还是说人。第二十五章中说，"吾不知其名，字之曰道，强为之名曰大。

① 陈鼓应：《老子注译及评介》，中华书局，2009 年版，第 173 页。
② 陈鼓应：《老子注译及评介》，中华书局，2009 年版，第 269 页。
③ 陈鼓应：《老子注译及评介》，中华书局，2009 年版，第 93 页。
④ 陈鼓应：《老子注译及评介》，中华书局，2009 年版，第 173 页。
⑤ 陈鼓应：《老子注译及评介》，中华书局，2009 年版，第 246 页。
⑥ 陈鼓应：《老子注译及评介》，中华书局，2009 年版，第 137 页。

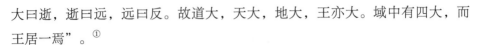

大曰逝，逝曰远，远曰反。故道大，天大，地大，王亦大。域中有四大，而王居一焉"。①

把道、天、地和人四者并列，四者都大，都很重要，以衬托人的重要。道有本性，即自然，天、地、人都应有德，顺应道的本性而呈现出应该有的样子，这样才是域中万物原本的样子，才是完美的。但是天、地、人三者，天、地有德，因为天、地遵循道的本性；而人却失德，因为人违背了道的本性。第七十七章中说：

> 天之道，其犹张弓与？高者抑之，下者举之；有余者损之，不足者补之。天之道，损有余而补不足。人之道，则不然，损不足以奉有余。②

自然的规律，不是很像张弓射箭吗？弦拉高了就把它压低一些，低了就把它举高一些，拉得过满了就把它放松一些，拉得不足了就把它补充一些。自然的规律，是减少有余的补给不足的。可是人世的行径却不是这样，要剥夺不足的，用来供奉有余的人。为什么人不遵循天道，而要与天道反着来呢？老子认为，是贪欲的缘故。第四十六章中说：

> 咎莫大于欲得；祸莫大于不知足。③

最大的过失是贪婪的欲望，最大的祸害是不知足。那么又是什么导致贪欲呢？第十二章中说：

> 五色令人目盲；五音令人耳聋；五味令人口爽；驰骋畋猎，令人心发狂；难得之货，令人行妨。④

① 陈鼓应：《老子注译及评介》，中华书局，2009年版，第159页。
② 陈鼓应：《老子注译及评介》，中华书局，2009年版，第334页。
③ 陈鼓应：《老子注译及评介》，中华书局，2009年版，第238页。
④ 陈鼓应：《老子注译及评介》，中华书局，2009年版，第104页。

老子列举了色（看的）、音（听的）、味（吃的）、猎（玩的）、货（用的）五样东西，实际上诱惑人的东西又何止这五种，由这五种，繁衍至百种千种，总之凡是能引起人感官欲望的东西，都容易使人上瘾，欲罢而不能。怎么办呢？怎么才能控制欲望，制止贪欲横流呢？老子认为，只有两个字，就是"无为"。

无为符合道的本性，是万物万事的德性，可是人却非要有为。老子说："天下多忌讳，而民弥贫；民多利器，国家滋昏；人多伎巧，奇物滋起；法令滋彰，盗贼多有。"（第五十七章）[1]天下的禁忌越多，百姓就越贫困；锐利武器越多，国家就越混乱；技巧越多，邪风怪事就越发生；法令越是森严，盗贼就越增加。正是社会中的强者即掌权者的强作妄为，肆意地扩展自己的欲望，才使得人类社会背道而失德，第七十五章中说：

　　民之饥，以其上食税之多，是以饥；民之难治，以其上之有为，是以难治；民之轻死，以其上求生之厚，是以轻死。[2]

民众遭受饥荒，就是由于统治者吞吃赋税太多，才使得他们陷于饥饿。民众之所以难治，就是由于统治者强作妄为。民众所以轻死，就是由于统治者奉养奢侈，才使民众觉得命不值钱。正因为如此，政治败坏了，第五十三章中说：

　　朝甚除，田甚芜，仓甚虚；服文采，带利剑，厌饮食，财货有余；是谓盗夸。非道也哉！[3]

朝政腐败极了，弄得农田荒芜，仓库十分空虚，而掌权者还穿着锦绣的衣服，佩戴着锋利的宝剑，饱餐精美的饮食，搜刮占有富余的财货，这简直就是强盗头子。多么无道啊！既然把民众逼得无路可走，就到了物极必反

---

① 陈鼓应：《老子注译及评介》，中华书局，2009年版，第275页。
② 陈鼓应：《老子注译及评介》，中华书局，2009年版，第327页。
③ 陈鼓应：《老子注译及评介》，中华书局，2009年版，第262页。

的地步，所以老子说，"民不畏死，奈何以死惧之"（第七十四章）。① 第七十二章中说：

> 民不畏威，则大威至。无狎其所居，无厌其所生。夫唯不厌，是以不厌。是以圣人自知不自见，自爱不自贵。故去彼取此。②

民众不畏惧统治者的威压，那么更大的祸乱就要来了。不要逼迫民众不得安居，不要阻塞民众谋生的道路。只有不压迫民众，民众才不厌恶统治者。因此，知"道"的人不但有自知之明，而且也不自我表现；但求自爱而不自显高贵。所以要舍弃后者（自见、自贵）而保持前者（自知、自爱）。因此，第二十二章中说：

> 不自见，故明；不自是，故彰，不自伐，故有功；不自矜，故长。③

不自我表现，反能显明；不自以为是，反能彰显；不自我夸耀，反能见功；不自我矜持，反能长久。这是无为的第一步，从此开始，节制私欲，第七章中说，"是以圣人后其身而身先，外其身而身存，非以其无私邪？"，知"道"的人退在后面，反而能领先；将自己置之度外，反而能保全生命。不正是由于他不自私吗？

所以老子在第三十七章中说："道常无为，而无不为。"④ 意思是，不妄为，就没有什么事情做不成的。他说，"天地不仁，以万物为刍狗；圣人不仁，以百姓为刍狗"（第五章），⑤ 就是说天地无所偏爱，任凭万物自然生长；知"道"的人无所偏爱，任凭百姓自己发展。因此，为政之要就在无为，只有无为，政治才能清明，社会才能善治，从而最终实现他所憧憬的"小国寡民"

---

① 陈鼓应：《老子注译及评介》，中华书局，2009 年版，第 325 页。
② 陈鼓应：《老子注译及评介》，中华书局，2009 年版，第 319 页。
③ 陈鼓应：《老子注译及评介》，中华书局，2009 年版，第 150 页。
④ 陈鼓应：《老子注译及评介》，中华书局，2009 年版，第 203 页。
⑤ 陈鼓应：《老子注译及评介》，中华书局，2009 年版，第 74 页。

的理想社会，第八十章中说：

> 使有什伯人之器而不用；使民重死而不远徙。虽
> 有舟舆，无所乘之，虽有甲兵，无所陈之。使民复结
> 绳而用之。甘其食，美其服，安其居，乐其俗。邻国
> 相望，鸡犬之声相闻，民至老死，不相往来。[①]

如何实现这种社会理想呢？第五十七章中说：

> 故圣人云：我无为，而民自化；我好静，而民自正；
> 我无事，而民自富；我无欲，而民自朴。[②]

《道德经》论述了三个核心概念：道、德、人，预设了三种理想状态：自然、不争、无为，构成了极其思辨的哲学体系。道是"天地之始""万物之母"，它的本性是自然；德是万物顺应自然的状态，它的主要特性是不争；人是万物之一，应有万物的特性，可是除了婴儿，这个特性灭失了。因此，人是万物中的例外。矫正这个例外，让它恢复万物的特性，回归道的本性，只能"无为"，别无他途。

图2-1　老子画像
（元代　赵孟頫作）

班固在《汉书·艺文志》中说："道家者流，盖出于史官，历记成败、存亡、祸福、古今之道，然后知秉要执本，清虚

---

① 陈鼓应：《老子注译及评介》，中华书局，2009 年版，第 344 页。
② 陈鼓应：《老子注译及评介》，中华书局，2009 年版，第 275 页。

以自守，卑弱以自持。"①什么是老子的"要"？什么又是他的"本"？"清虚"也好，"卑弱"也罢，就是要求统治者对被统治者不要逼得太紧，欺人太甚，掌权者对无权者要学会妥协，学会让步。然而，言者谆谆，听者藐藐。历代统治者和掌权者又有几人倾听过这位智者的声音，又有几人懂得收手？

---

① 班固：《艺文志》，《汉书》，第12册，颜师古注，孙晓校注，中国社会科学出版社，2020年版，第3389页。

韩 非 子

与孔子、老子不同，韩非子出生贵族，司马迁说他"韩之诸公子也"，而且"喜刑名法术之学"。这两条决定了他的命运。出身和爱好对一般人而言不会成为矛盾，但在韩非子身上却形成了巨大的冲突。他热爱韩国，希望韩王能重用他，实施变法，实现富国强兵，在七国争雄中立于不败之地，可是偏偏韩王不喜欢变法，对他也没有兴趣。"非见韩之削弱，数以书谏韩王，韩王不能用。"这种情况下，他"悲廉直不容於（于）邪枉之臣，观往者得失之变，故作《孤愤》《五蠹（dù）》《内外储》《说林》《说难》十余万言。"

他的文章在国内曲高和寡，但在国外遇到了一个知音，这个知音就是秦王嬴政。秦王读到了《孤愤》《五蠹》这些文章，感叹说："嗟乎，寡人得见此人与之游，死不恨矣！"为了得到韩非子，便派兵攻打韩国，这样一直备受冷落的韩非子，被韩王任命为使者到了秦国，但这是他的不归之路。秦王酷爱他的文章，对他这个人却不放心，同学李斯出于嫉妒，乘机挑拨，"韩非，韩之诸公子也。今王欲并诸侯，非终为韩不为秦，此人之情也。今王不用，久留而归之，此自遗患也，不如以过法诛之。"就这样他把性命丢在了秦国。

他忠于他的国家，他的国家却不接受他的思想；秦国接受他的思想，却怀疑他对秦国的忠诚。他的出身与他思想的冲突，使他成为一个非常尴尬的人物，最终酿成悲剧。然而他的思想不但"传于后世，学者多有"，而且大行其道。由于对法、术、势系统而深入的阐述，使他成为法家的集大成者，从而为第一个君主集权制国家的建立提供了坚实的理论基础。

一 为何集大成？

法、术、势本是三种不同的理论，为什么韩非要把它们集合在一起呢？主要原因有二。

一是总结历史的需要。百家争鸣中，有一个法家学派。这个学派是周制度和文化的否定者，为了应对激烈的诸侯之间的竞争，以改革的面目出现，意在打破旧制度的束缚，建立新制度，现实富国强兵。法家算是一个异类，因为直接挑战主流文化，好在那个时代文化多元，各有所好，它得到少数国君的青睐，并在本国实施了变法，其中秦国最为著名。

变法并非始于秦国，但秦国实行得最坚决；新制度，也并非最先产生在秦国，但秦国执行得最彻底。战国时期，诸侯国间的竞争愈演愈烈。谁能脱颖而出，取决于该国的军事能力，而军事能力则取决于国家动员能力，因此，分封制的弊端日益暴露，因为国家的动员能力受到掌握物质资源和人力资源的卿大夫等的制约。国君要打仗，钱、粮、人都要有求于分散的卿大夫们。

魏国和楚国率先变法，国家动员能力和军事能力迅速提高，进而占领了河西地区，直逼秦国的领地。河西地区是黄河以西、北洛水以东的大片土地，实际上是宗周的领地。周王室衰弱后，秦人一直视为自己的控制区域。魏国从东部、楚人从东南部压进，秦人的大本营雍城就直接暴露在两国大军的面前。秦献公结束"以往者数易君，君臣乖乱"的乱象，并把大本营放在位于军事前线的栎（yuè）阳。孝公继位后，为了彻底摆脱权力分散的受制局面，掌权主动权，任用商鞅进行大刀阔斧地变法。

商鞅变法是秦国对危机的一次系统性应变。变法目的就是要实现富国和强兵。如何富国强兵？建立奖惩机制。如何保证奖惩机制得以实行？依靠严刑峻法。奖惩机制，如对耕织，"僇（lù）力本业，耕织致粟帛多者复其身。事末利及怠而贫者，举以为收孥（nú）。"对军功，"宗室非有军功论，不得为属籍。明尊卑爵秩等级，各以差次名田宅，臣妾衣服以家次。有功者显荣，无功者虽富无所芬华。"而"有军功者，各以率受上爵。"为了控制民众能专心于耕、战二事，制定了极为苛刻的法律："令民为什伍，而相牧司连坐。不告奸者腰斩，告奸者与斩敌首同赏，匿奸者与降敌同罚。"①

据史书记载，商鞅变法成绩斐然。"行之十年……家给人足。民勇于公战……"②李斯在《谏逐客书》中说："孝公用商鞅之法，移风易俗，民以殷盛，国以富强，百姓乐用，诸侯亲服，获楚、魏之师，举地千里，至今治强。"在六国人中秦人是最狂野矫健的。商鞅的严刑峻法给他们养成循规蹈矩的习惯，商鞅的特殊爵赏制度使得对外战争成了他们唯一的出路。这个以强悍和有纪律著称的国家，用全力向外发展。③

韩非出生的时候，秦国变法已持续了八十多年，到他对变法有认知的时候，变法已经百年。他极具洞察力，敏锐地看到，两种力量正在进行生死博弈：一方是变法的秦国越发强大，另一方守旧的六国越发衰弱，实际上，新制度和旧制度已经进入决战阶段。历史正走向终结，需要终结时代的理论。这个理论就是全面总结历史的成败得失，特别是秦国变法的经验，终结旧制度和旧时代，并为新制度提供依据，为新时代规划蓝图。

二是理论创新的需要。韩非之前，围绕富国强兵和加强君主权力已有三种理论，一是法，二是术，三是势。法家理论早在春秋时代就有，有人追溯到管子，有争议，但公认战国早期的李悝是法家的先驱，有《李子》32篇，尽管后来失传，但当时影响很大，而且他本人在魏国变法成功，魏国强盛一时，也引来不少学习者，有名的一个是吴起，到楚国变法失败，一个是商鞅，到秦国变法成功。

商鞅是实践家，并无变法的系统理论，虽有《商君书》24篇，但也不能确定就是他的作品。从当时的情形看，变法的支持者秦孝公只对他的"强国之术"感兴趣，这个"强国之术"就是法令。《商君列传》中，没有一句关于加强君权的话，但是如果通过法令的手段，实现国家强大，就必须也必然要加强君权。

---

① 司马迁：《史记》，第7册，中华书局，1982年版，第2230页。
② 司马迁：《史记》，第7册，中华书局，1982年版，第2231页。
③ 张荫麟、吕思勉、蒋廷黻：《中国史纲》，上册，陕西师范大学出版社，2007年版，第123页。

秦制的母体是周制。周制是分封制，分封就是分散。分散的结果是一旦血缘不能再维系宗法制，权力就会下移，进而尾大不掉。卿大夫这个层级对下可以进行有效控制，对上可以逼宫夺权，架空君主。所以，变法就是要变分散为集中，把分散在卿大夫手中的资源和人力，拿到君王的手中，即把周的制度改变为能够适应战时需要的制度，就是要在举国上下建立一种准军事制度，或者叫战时体制，使得君王能够调配各种资源，掌控军事和行政等事务决断的全权，高效地处置各种危机，全力以赴打仗。作为政治家的商鞅不能说加强君权，而只能说变法，但是作为理论家的韩非却可以说，变法的实践需要他做深入系统的理论阐释。

术家产生较晚，代表人物是申不害，与商鞅同时代。韩非子说"公孙鞅为法"，而"申不害言术"。据说有《申子》2篇，也已失传。之所以言术，主要是对春秋、战国以降，臣子屡屡弑君和篡国的警惕，目的在于提高君主驾驭群臣的能力。"术者，藏之于胸中，以偶众端而潜御群臣者也。"（《难三》）[1]可见，术就是手段，是君主驾驭臣民的权变，就是所谓的"君人南面之术"。

韩非认为："人主之大物，非法即术也。"（《难三》）[2]"君无术则弊於（于）上，臣无法则乱於（于）下，此不可一无，皆帝王之具也。"（《定法》）[3]尽管如此，"二子之于法、术，皆未尽善也"（《定法》）。[4]因此，需要进行深入阐述。

与商鞅同时代的还有另外一个人物，既不讲法，也不讲术，而是讲势，这个人叫慎到。据说有专著12篇，也已亡佚。什么是势？慎到说："飞龙乘云，腾蛇游雾，云罢雾霁，而龙蛇与蚓蚁同矣，则失其所乘也。贤人而诎（qū）于不肖者，则权轻位卑也；不肖而能服于贤者，则权重位尊也。"（《难势》）所以，他认为，"由此观之，贤智未足以服众，而势位足以诎贤者也"。（《难势》）[5]可见，慎到讲的势，是权力的威势，就是权势。

---

① 陈奇猷：《韩非子集释》，上海人民出版社，1974年版，第868页。
② 陈奇猷：《韩非子集释》，上海人民出版社，1974年版，第868页。
③ 陈奇猷：《韩非子集释》，上海人民出版社，1974年版，第906页。
④ 陈奇猷：《韩非子集释》，上海人民出版社，1974年版，第908页。
⑤ 陈奇猷：《韩非子集释》，上海人民出版社，1974年版，第886页。

这三种理论互不统属，韩非把它们综合在一起，形成了以势为体，以法和术为用的理论体系，目的是强化君权，培育一个超级君王。

何为集大成？

为什么要强化君权，培育一个超级君王呢？韩非认为，只有这样的人物才能"审于是非之实，察于治乱之情也"（《奸劫弑臣》），从而实现他所憧憬的理想社会："故其治国也，正明法，陈严刑，将以救群生之乱，去天下之祸，使强不凌弱，众不暴寡，耆老得遂，幼孤得长，边境不侵，群臣相关，父子相保，而无死亡系虏之患，此亦功之至厚者也。"（《奸劫弑臣》）[①]而这样的人物，必须法、术、势集于一身。

什么是法？韩非说："法者，编著之图籍，设之于官府，而布之于百姓者也""法莫如显""明主言法，则境内卑贱莫不闻知也，不独满于堂"（《难三》）。[②]可见，法是君主颁布的、让众人周知的、有成文的国法。韩非讲法，是对变法实践进行系统的理论总结，除了反复重申商鞅的农战新法之外，主要内容在以下三个层面。

首先，法关乎国家的治乱。韩非认为，治理国家，必须舍弃德治而用法治。他说："夫圣人之治国，不恃人之为吾善也，而用其不得为非也。恃人之为吾善也，境内不什数；用人不得为非，一国可使齐。为治者用众而舍寡，故不务德而务法。"（《显学》）[③]意思是说，圣人治国，不是要人人为善，而使人人不作恶，国家便能太平。君王治国，应着眼于大多数，而少数人无关宏旨。所以要着力于执法，而非立德。

他认为，法关系到一个国家的治乱，在总结历史和现实中的成败得失之后，他说："所以治者法也，所以乱者私也；法立，则莫得为私矣。"（《诡使》）因此，"道私者乱，道法者治。上无其道，则智者有私词，贤者有私意。上有私惠，下有私欲，圣智成群，造言作辞，以非法措于上。上不禁塞，

① 陈奇猷：《韩非子集释》，上海人民出版社，1974 年版，第 248 页。
② 陈奇猷：《韩非子集释》，上海人民出版社，1974 年版，第 868 页。
③ 陈奇猷：《韩非子集释》，上海人民出版社，1974 年版，第 1097-1098 页。

又从而尊之，是教下不听上、不从法也。是以贤者显名而居，奸人赖赏而富。贤者显名而居，奸人赖赏而富，是以上不胜下也。"（《诡使》）① 为此，君主必须牢牢掌握立法的主动权，才能杜绝以下胜上，以私废公。所以，"明主之国，令者，言最贵者也；法者，事最适者也。言无二贵，法不两适，故言行而不轨于法令者必禁。"（《问辩》）②

其次，关键是如何执法。执法在人，所以，一是如何选人？韩非子说："明主使法择人，不自举也；使法量功，不自度也。能者不可弊，败者不可饰，誉者不能进，非者弗能退，则君臣之间明辨而易治，故主用法则可也。"（《有度》）③ 意思是，英明的君主以法选人，而不是凭自己的好恶；以法来衡量功劳的大小，而不是凭主观臆测。从而使能者不被埋没，庸者不得掩饰，徒有虚名的不能提拔，遭受非议的不被罢免，这样君臣之间的职责很清楚，国家就容易治理，所以君主只要依法办事就可以了。二是必须赏罚分明。韩非子说："符契之所合，赏罚之所生也。"（《主道》）如何才能赏罚分明？第一，要功、事、言相当，"功当其事，事当其言，则赏；功不当其事，事不当其言，则诛。"（《主道》）第二，要君主带头守法，"故明君无偷赏，无赦罚。赏偷，则功臣墯（duò）其业；赦罚，则奸臣易为非。是故诚有功，则虽疏贱必赏；诚有过，则虽近爱必诛。疏贱必赏，近爱必诛，则疏贱者不怠，而近爱者不骄也。"（《主道》）④

最后，任法必须专一。变法是一项艰巨的事业，韩非认为之所以艰巨，主要有三个原因，一是干扰太多，他以本国为例，韩昭侯曾对申不害说，"法度甚不易行也"，申不害的回答直截了当："法者，见功而与赏，因能而受官。今君设法度而听左右之请，此所以难行也。"（《外储说左上》）⑤ 二是不能一以贯之。他说："国无常强，无常弱。奉法者强，则国强；奉法者弱，则国弱。"（《有度》）⑥ 以魏国为例，魏文侯用李悝变法，魏国也曾强大一时，

① 陈奇猷：《韩非子集释》，上海人民出版社，1974 年版，第 946 页。
② 陈奇猷：《韩非子集释》，上海人民出版社，1974 年版，第 898 页。
③ 陈奇猷：《韩非子集释》，上海人民出版社，1974 年版，第 86-87 页。
④ 陈奇猷：《韩非子集释》，上海人民出版社，1974 年版，第 68-69 页。
⑤ 陈奇猷：《韩非子集释》，上海人民出版社，1974 年版，第 662 页。
⑥ 陈奇猷：《韩非子集释》，上海人民出版社，1974 年版，第 85 页。

魏文侯死了，人亡政息，便走下坡路。三是任重道远。他以秦国为例，说秦国不虚慕仁义德治，通过变法强盛，但是仍然不能实现帝业，是因为变法还不完善。

所以，他认为必须把法令作为一切政务的准则，"故明主之国，无书简之文，以法为教；无先王之语，以吏为师；无私剑之捍，以斩首为勇。是境内之民，其言谈者必轨于法，动作者归之于功，为勇者尽之于军。是故无事则国富，有事则兵强，此之谓王资。既畜王资而承敌国之衅，超五帝、侔(móu)三王者，必此法也。"（《五蠹》）①

既然君主手中有法，为什么还要有术呢？因为法是治国的手段，而术是防身的利器。必须以术的手段，弥补法的不足，巩固君权，稳定国本，更好地推行法令。为什么必须有防身的手段呢？因为君主随时都有可能被臣子篡位和谋害。为什么会被篡位和谋害呢？因为臣子容易坐大。韩非说："人主之所以身危国亡者，大臣太贵，左右太威也。"（《人主》）②为什么臣子能够坐大？他说："人主有五壅(yōng)：臣闭其主曰壅，臣制财利曰壅，臣擅行令曰壅，臣得行义曰壅，臣得树人曰壅。臣闭其主，则主失位；臣制财利，则主失德；臣擅行令，则主失制；臣得行义，则主失明；臣得树人，则主失党。"（《主道》）他认为，这五样，是"人主之所以独擅也，非人臣之所以得操也"（《主道》）。③

如何才能独擅？韩非论述非常详细，不外两个方面，一是如何察奸，二是如何驭臣。臣子行奸的手段很多，比如有"八术"，如"在同床""在旁""父兄"等，就是收买利用君主身边的人以成其奸，所以，"乱之所生六也：主母、后姬、子姓、弟兄、大臣、显贤。"（《八经》）④那么，如何防范和驾驭臣子呢？他将君主用术概括为"七术""六微""八说""八经"之多，如"七术"：一曰"众端参观"；二曰"必罚明威"；三曰"信赏尽能"；四曰"一听责下"；五曰"疑诏诡使"；六曰"挟知而问"；七曰"倒言反事"，等等。

---

① 陈奇猷：《韩非子集释》，上海人民出版社，1974年版，第1067页。
② 陈奇猷：《韩非子集释》，上海人民出版社，1974年版，第1118页。
③ 陈奇猷：《韩非子集释》，上海人民出版社，1974年版，第68页。
④ 陈奇猷：《韩非子集释》，上海人民出版社，1974年版，第1006页。

有法、有术还不够，还必须有势。韩非子说："凡明主之治国也，任其势。"（《难三》）① 为什么还需要势呢？因为君主只有掌握权柄而拥有权势，才能居高临下，令行禁止。他打了一个比方，"国者，君之车也；势者，君之马也。夫不处势以禁诛擅爱之臣，而必德厚以与天下齐行，以争民，是皆不乘君之车，不因马之利，车而下走者也。"（《外储说右上》）② 又说："尧为匹夫，不能治三人；而桀为天子，能乱天下：吾以此知势位之足恃，而贤智之不足慕也。"（《难势》）③

他认为，势有两种。一种叫自然之势，比如尧、舜生而上位，比如桀、纣生而为王，这是人力无可奈何的。还一种叫人设之势，比如把法与势结合，叫"威严之势"，把术与势结合，如君主通过多设耳目，就叫"聪明之势"，这些都是人设之势。他主张多用人设之势，因为这样天下就容易掌控和治理了。"今以国位为车，以势为马，以号令为辔，以刑罚为鞭策"（《难势》），"夫良马固车，五十里而一置，使中手御之，追速致远，可以及也，而千里可日致也，何必待古之王良乎？"（《难势》）④

与术一样，势也必须为君主所独擅。"夫以王良、造父之巧，共辔而御不能使马，人主安能与其臣共权以为治？"（《外储说右下》）⑤ 因此，"权势不可以借人，上失其一，臣以为百。"（《内储说下六微》）⑥ 也就是所谓的"邦之利器，不可以示人"。（《喻老》）⑦ 如何用势呢？"势重者，人主之渊也；臣者，势重之鱼也。鱼失于渊而不可复得也，人主失其势重于臣而不可复收也。"（《内储说下六微》）⑧ 有前车之鉴："简公失之于田成，晋公失之于六卿，而上亡身死。故曰：鱼不可脱于深渊。"（《喻老》）⑨

由此可见，韩非子所讲的法，是结合了术和势的法，所讲的术，是结合

---

① 陈奇猷：《韩非子集释》，上海人民出版社，1974 年版，第 864 页。
② 陈奇猷：《韩非子集释》，上海人民出版社，1974 年版，第 717 页。
③ 陈奇猷：《韩非子集释》，上海人民出版社，1974 年版，第 886 页。
④ 陈奇猷：《韩非子集释》，上海人民出版社，1974 年版，第 887-889 页。
⑤ 陈奇猷：《韩非子集释》，上海人民出版社，1974 年版，第 762 页。
⑥ 陈奇猷：《韩非子集释》，上海人民出版社，1974 年版，第 570 页。
⑦ 陈奇猷：《韩非子集释》，上海人民出版社，1974 年版，第 392 页。
⑧ 陈奇猷：《韩非子集释》，上海人民出版社，1974 年版，第 577 页。
⑨ 陈奇猷：《韩非子集释》，上海人民出版社，1974 年版，第 392 页。

了法和势的术，而所讲的势，也是结合了法和术的势。在理论上，他完成了集大成。而现实中，把这三者集于一身，会是一个什么样的君主呢？他前无古人，后有来者。韩非子并没有给他一个确定的称号，有时叫"明主"，有时叫"圣人"，有时也叫"帝"。当第一个超级君主出现的时候，他并不满意韩非所给定的这些称谓，而是给自己独创一个如雷贯耳的名字：皇帝。

二 何以集大成？

为什么韩非子能集大成？或者说他凭借什么理论工具集大成？他的理论工具无外乎两样，一是历史观，二是人性论。

韩非子的历史观与先秦诸子不同。孔子喜欢周文周武周公，主张效法先王，恢复礼制，老子喜欢"小国寡民"，都是向后看，希望回到过去，韩非子却不同，他认识到时代变化的要求，也很现实地看待这些要求，主张向前看。

他认为："古者丈夫不耕，草木之实足食也；妇人不织，禽兽之皮足衣也。不事力而养足，人民少而财有余，故民不争。是以厚赏不行，重罚不用而民自治。今人有五子不为多，子又有五子，大父未死而有二十五孙。是以人民众而货财寡，事力劳而供养薄，故民争，虽倍赏累罚而不免于乱。"（《五蠹》）① 所以，"古人亟（jí）于德，中世逐于智，当今争于力。古者寡事而备简，朴陋而不尽，故有挑（yáo）桃而推车者。古者人寡而相亲，物多而轻利易让，故有揖让而传天下者。然则行揖让，高慈惠，而道仁厚，皆推政也。处多事之时，用寡事之器，非智者之备也；当大争之世，而循揖让之轨，非圣人之治也。故智者不乘推车，圣人不行推政也。"（《八说》）②

时代变了，出现了全新的问题，只有用全新的方案才能解决。如果一味地羡古和守旧，就是一个"守株待兔"的蠢人。"宋人有耕田者，田中有株。兔走，触株折颈而死。因释其耒（lěi）而守株，冀复得兔。兔不可复得，而身为宋国笑。今欲以先王之政，治当世之民，皆守株之类也。"（《五蠹》）③

---

① 陈奇猷：《韩非子集释》，上海人民出版社，1974 年版，第 1040-1041 页。
② 陈奇猷：《韩非子集释》，上海人民出版社，1974 年版，第 974 页。
③ 陈奇猷：《韩非子集释》，上海人民出版社，1974 年版，第 1040 页。

所以他竭力主张"世异则事异""事异则备变"："今有构木钻燧于夏后氏之世者，必为鲧、禹笑矣；有决（jué）渎于殷、周之世者，必为汤、武笑矣。然则今有美尧、舜、汤、武、禹之道于当今之世者，必为新圣笑矣。是以圣人不期修古，不法常可，论世之事，因为之备。"（《五蠹》）①

韩非子的另一个分析工具是性恶论。他师从荀子，他的老师是性恶论的首创者。韩非子虽然没有明确说性善性恶，但认为趋利避害是人的本能。他认为人与人之间除了赤裸裸的利害关系再无其他原则可言。"舆人成舆，则欲人之富贵；匠人成棺，则欲人之夭死也，非舆人仁而匠人贼也，人不贵，则舆不售；人不死，则棺不买。情非憎人也，利在人之死也。"（《备内》）②一般社会关系包括买卖关系，都是如此。

那么家庭关系如何呢？"父母之于子也，产男则相贺，产女则杀之。此俱出父母之怀衽（rèn），然男子受贺，女子杀之者，虑其后便，计之长利也。"（《六反》）③儿子又怎样呢？"人为婴儿也，父母养之简，子长而怨。子盛壮成人，其供养薄，父母怒而诮（qiào）之。子、父、至亲也，而或谯（qiào）或怨者，皆挟相为而不周于为己也。"（《外储说左上》）④

至于那些被追捧的圣人，其实是美化的结果。"尧、舜、汤、武或反君臣之义，乱后世之教者也。尧为人君而君其臣，舜为人臣而臣其君，汤、武为人臣而弑其主、刑其尸，而天下誉之"，"今尧自以为明而不能以畜舜，舜自以为贤而不能以戴尧；汤、武自以为义而弑其君长，此明君且常与，而贤臣且常取也"。（《忠孝》）⑤

因此，君臣之间就是赤裸裸的利害关系。"人臣之于其君，非有骨肉之亲也，缚于势而不得不事也。"（《备内》）⑥君臣关系是由势位尊卑所迫，是利益交易的关系。"臣尽死力以与君市，君垂爵禄以与臣市。君臣之际，

① 陈奇猷：《韩非子集释》，上海人民出版社，1974 年版，第 1040 页。
② 陈奇猷：《韩非子集释》，上海人民出版社，1974 年版，第 290 页。
③ 陈奇猷：《韩非子集释》，上海人民出版社，1974 年版，第 949 页。
④ 陈奇猷：《韩非子集释》，上海人民出版社，1974 年版，第 638 页。
⑤ 陈奇猷：《韩非子集释》，上海人民出版社，1974 年版，第 1107 页。
⑥ 陈奇猷：《韩非子集释》，上海人民出版社，1974 年版，第 289 页。

非父子之亲也，计数之所出也。"（《难一》）①他打了一个比喻："若如臣者，犹兽鹿也，唯荐草而就。"（《内储说上七术》）②君臣之间各自为了自身的利益而互相计算。"君以计畜臣，臣以计事君，君臣之交，计也。害身而利国，臣弗为也；害国而利臣，君不行也。臣之情，害身无利；君之情，害国无亲。君臣也者，以计合者也。"（《饰邪》）③

韩非子认为，人们由于利害关系的驱使，彼此之间总是怀着算计之心，表现在政治上必然演出残酷的篡夺，子弑父、臣弑君的现象便毫不奇怪了。

图3-1 韩非子
画像（范曾 作）

有人问：没有韩非子，第一个君主集权制国家秦国会出现吗？回答是肯定的。有人问：没有韩非子，第一个超级君王秦始皇会出现吗？回答是肯定的。有人问，没有韩非子，中国会有漫长的二千多年君主专制的历史吗？回答也是肯定的。那么，韩非子在其中究竟扮演了一个什么角色？第一，他是这一历史现象的揭示者；第二，他不甘于做一个揭示者，还想扮演一个实践者；第三，他为他的执念献出了生命。

他是一个非常尴尬的人物，不但在身前，还表现在身后。许多人痴迷于他的理论，但只能悄悄藏在内心。

---

① 陈奇猷：《韩非子集释》，上海人民出版社，1974年版，第800页。
② 陈奇猷：《韩非子集释》，上海人民出版社，1974年版，第550页。
③ 陈奇猷：《韩非子集释》，上海人民出版社，1974年版，第311页。

建　造

长　城

　　《创世记》中说，亚当和夏娃被逐出伊甸园后，生了两个儿子，哥哥叫该隐，弟弟叫亚伯，还讲了兄弟俩的冲突，这种冲突不为别的，只是因为"亚伯是牧羊的，该隐是种地的"。这个叙事很容易被当成故事来听，而忽略了其中的巨大隐喻。

　　这个隐喻被后来发生在亚欧大陆的冲突所揭示。这个大陆的北部有着广阔无垠的草原，"从中国东北边境到布达佩斯之间，沿着欧亚大陆中部的北方伸展的一个辽阔的地带"，[①]而在它的南面则是广阔农耕区，农耕和游牧的冲突持续了三千多年，而其中大的冲突就有三波。

　　第一波发生在公元前 2000 年至公元前 1000 年间。起源于东欧平原的游牧民族印欧人，他们向东，进入印度灭了印度河流域的哈拉帕文明；向西，向南，冲击了爱琴海文明、中东的两河文明和古埃及文明。第二波发生在公元 2 世纪至 7—8 世纪。这个时期，农耕文化自东向西连成了一个文明带，安息帝国、汉朝、罗马帝国、贵霜帝国相继建立，农牧之间的分界线逐渐形成。第三波的主角则是 13 世纪的蒙古人，征服亚欧大陆，是一次范围最广的大冲击。

　　那么，农牧冲突与长城有什么关系呢？

---

① 勒内·格鲁塞：《草原帝国》（上册），蓝琪译，项英杰校，商务印书馆，1998 年版，第 1 页。

为何修建长城?

长城处在农耕和游牧这两种文化的分界线上。为什么这么说呢?

从源头上看,农、牧本应同体,很难区分种植和畜牧谁先谁后,是先民两种不同的谋生手段。有学者认为,伏羲氏伏牛乘马是畜牧业祖先,而黄帝无疑就是农夫的先祖。但随着时间的推移,出现了分工的问题。有些地区更适合种植,而有些地区则更适合放牧。比如,在黄河中下游地区种植的成本会比其他地区更低,发展种植业就更有优势,从而造成对放牧业的挤压。传说中的炎黄之战,很可能就是农耕和放牧的一次大规模的冲突。

黄河中下游地区的农耕优势向四周拓展,但扩散的速度和效果却不一样。向东、向南扩展的速度比较快,而且所向披靡,一直扩展到海边,而向西、向北扩展就比较慢,而且出现了扩展的边界。为什么会出现这个边界呢?因为这个界线两边的气候条件和地理环境不同。历史学家发现,农耕文化扩展的边界正好与 400 毫米等降雨线相吻合。这条线的东边和南边降雨量多于 400 毫米,为湿润和半湿润地区,适宜农业耕作,形成农耕地区,而这条线的西边和北边降雨量少于 400 毫米,为半干旱地区,不适宜种植农作物,形成游牧地区。

《淮南子》中说"共工怒触不周山",共工把撑天的柱子撞倒了,所以天倾西北,地不满东南,西高东低,水都流向东南,形成了三级台阶的地势。正是这种特殊的地势,决定了亚欧大陆东部的经济大致形成东西两区和南北三带的天然布局。具体而言,东西两区,即北起兴安岭,经燕山、阴山、贺兰山、岷山至横断山脉一线,以东为农业经济区,以西是畜牧业(中间有河谷或绿洲小块农业)经济区。南北三带,即秦岭、淮河以南为水田农业经济带;秦岭、淮河以北至阴山、燕山以南和东北平原是旱作物农业经济带;阴山以北,贺兰山以西为畜牧业经济带。两区三带的经济布局,自然形成了两种不同的文化类型。

农耕文化,视土地为衣食父母,安土重迁,只要雨水足够,即便在荒芜的土地里也能捧出金灿灿的粮食,而一旦雨水不足,即使那些土地野草茂盛而种不出庄稼,便会弃之不顾,拓荒的脚步也会戛然而止。这是农耕文化拓展的极限。而在他们止步的地方,向北望去便是辽阔的草原,这是游牧民族的生息和繁衍的地方。

草原上的先民，通常以部落集聚，彼此相对分散，各有各的放牧区域。一般来说，族群认同是在出现了强势领导能力的人物之后，通过征战控制分散的部落，从而组成利益共同体，进而培育出共同的族群意识。秦汉时期的匈奴，北朝的鲜卑，隋唐时期的突厥，都是统一了草原的游牧帝国。这些帝国，经过一段时间后，会出现分散，不再有共同的族群，直到下一个强悍的领袖出现，再一次统一草原。如此一再循环。①

游牧文化与农耕文化不同，其基本特点是移动不定。游牧社会不像农耕社会以土地所有权为基准，因为没有一个牧场经得起长时期的放牧。移动权比居住权更为重要，对他们而言，所有权实际上就是循环移动的权力。②而这种可以移动的财产主要就是羊。羊比其他任何牲畜更能建立食、住、衣和燃料的基本经济准则，因为羊所提供的羊毛、羊皮、羊乳、羊肉和羊粪几乎能够满足他们的生活所需的全部。③

王夫之曾概括农耕与游牧文化的不同："中国"是有城郭可守，墟市可利，田土可耕，税赋可纳，婚姻仕进可荣的地区；而"夷狄"则无城郭、无耕地、迁徙无定，不知礼仪，以游牧为主，骁勇剽悍，善于骑战。

两种不同的文化，本来互不相扰，耕种的吃粮，放牧的吃羊，各过各的日子。但是游牧社会有一个很大的问题，就是畜牧业生产单一，加之财产不能长期保存，致使其文明程度也无法有效地积累，所以汤因比把游牧社会归为"停滞的文明"一类。更为致命的是，一旦遭遇天灾，比如干旱或严寒，羊群数量就会骤减，直接影响到生存。这就造成了游牧社会对农耕社会的依赖，进而产生觊觎之心。

从觊觎到掠夺并不容易，从畜牧区到农业区还有很远的距离，中间是一个过渡带，兼具农耕和畜牧，因此需要借助工具才能实现。这个工具就是马匹。马何时被驯养不得而知，考古发现商代有马车，周代秦人在西汉水流域的犬丘专门驯马，公元前770年，秦人用他们的装备顺利护送周平王东迁洛邑。此后，历史明确记载游牧社会对农耕社会的侵扰日渐增多，等待匈奴坐大后，北

---

① 许倬云：《万古江河：中国历史文化的转折与展开》，上海文艺出版社，2006年版，第174页。
② 拉铁摩尔：《中国的亚洲内陆边疆》，唐晓峰译，江苏人民出版社，2014年版，第47页。
③ 拉铁摩尔：《中国的亚洲内陆边疆》，唐晓峰译，江苏人民出版社，2014年版，第53页。

方游牧社会已经成为南方农耕社会一个严重的威胁，而且这种威胁持续了近两千年。

牧羊的游牧社会与骑马的游牧社会不可同日而语。马的广泛使用，成为游牧民族最为重要的生产和交通工具，标志着游牧社会的兴起。[①] 在冷兵器时代，马的战略地位可与工业时代的蒸汽机相比。游牧民族孩提阶段便受马上训练，汤因比说他们是半人半马怪。速度和马上弓箭的能力如果用于战争，便会占据很大的军事优势。而这种优势又加大了游牧民族发动战争的可能性，从而使通过战争来掠夺资源成为他们的一种生产方式。[②]

在游牧社会与农耕社会的对峙和冲突中，游牧社会往往处于主动的位置。继匈奴而起的，是鲜卑、突厥、契丹、女真、蒙古和建州女真等北方少数民族，都对南方的农耕社会形成巨大的威胁。匈奴兴起于蒙古高原的中部，突厥兴起于蒙古高原的西部，契丹、女真、蒙古和建州女真则兴起于蒙古高原的东部地区。以兴安岭为界，西面是以畜牧业为主的游牧民族，如契丹、蒙古，此前还有东胡、鲜卑、乌桓等；东面则是以捕捞、狩猎和农业为主的渔猎民族，如女真和建州女真（满族），此前还有肃慎、邑娄、勿吉等。[③] 这些少数民族屡屡南下，轻则掠夺资源，重则改朝换代。所以，为了防止游牧骑兵南侵掠夺或夺权，农耕社会就在两种文化的边界线上建立一个军事屏障：长城。

如何修建长城？

农耕社会有建造围墙的传统。家庭要建院墙，村子要建围子，城池要建城墙。长城的英文写作 the Great Wall，意为伟大的城墙，实际上它是一座国墙。它的建造可以追溯到西周，烽火戏诸侯中的烽火台，就是早期长城的雏形，而《左传》中有关"楚长城"的准确时间是公元前 656 年。可以这样认为，从公元前 7 世纪到公元 16 世纪，在大约 2 200 年的时间里，先后有

---

① 拉铁摩尔：《中国的亚洲内陆边疆》，唐晓峰译，江苏人民出版社，2014 年版，第 42 页。
② 勒内·格鲁塞：《草原帝国》（上册），蓝琪译，商务印书馆，1998 年版，第 6 页。
③ 邓啸林、张玉蕾、赵唱、杨红霞、陈夏莹：《不理解草原文明就无法理解中国历史：魏坚教授专访》，https://www.sohu.com/a/396858714_816889。

19个朝代修建过长城，累计长度在10万公里以上，而其中三次浩大的修建工程，分别是在秦、汉和明代。

大规模修建长城始于秦始皇，万里长城也由此得名。《史记·蒙恬列传》中说："秦已并天下，乃使蒙恬将三十万众，北逐戎狄，收河南。筑长城，因地形，用制险塞，起临洮，至辽东，延袤万余里。"《史记·秦始皇本纪》中说："西北斥逐匈奴，自榆中并河以东，属之阴山，以为三十四县，城河上为塞。"又说："又使蒙恬渡河取高阙、陶山（阴山）、北假中，筑亭障，以逐戎人。"可见，秦始皇时期，同时受到北方戎狄和西北方匈奴的多重威胁，所以用了8年时间（前217年—前210年），利用燕、赵长城和秦旧长城，建造了西起高阙，东到辽东的万里长城。长城的修建效果明显，据《史记·匈奴列传》说："当此之时，匈奴单于曰头曼，头曼不胜秦，北徙。"

图4-1 秦长城遗址（彭源 摄）

秦长城的规模很大，而汉代长城要远远超出它，长度达到两万里，是历代修建长城最长的一个朝代。① 汉初，

① 罗哲文：《长城史话》，北京出版社，2018年版，第54页。

匈奴势力渐大，屡屡发动侵袭，汉武帝时期主动出击，由卫青、霍去病率领军队分两路深入北部和西北追击匈奴，并取得重大胜利。在此基础上，继续修建长城。一方面修缮秦长城。《史记·匈奴列传》中记载："汉遂取河南地，筑朔方，复缮故秦时蒙恬所为塞，因河为固。"另一方面修筑新长城。据《史记·大宛列传》记载："汉始筑令居以西，初置酒泉郡，以通西北国。"从前121年建酒泉郡、武威郡开始修建河西长城，到前111年建张掖郡、敦煌郡，再到前101年"列亭障至盐泽（今罗布泊）"，花了20年时间，完成了2 000多里长的河西长城建造。值得一提的是，河西长城是沿丝绸之路修建的，对这条对外开放大道的安全保障作用非常显著。《史记·匈奴列传》中说："是时，汉边郡烽火候望精明，匈奴为边寇者少利，希复犯塞。"

明代的修建，《明史》说得很清楚："元人北归，屡谋兴复。永乐迁都北平，二面近塞。正统以后，敌患日多。故终明之世，边防甚重。东起鸭绿，西抵嘉峪，绵亘万里，分地守御。"明代北方的威胁，除了退回到草原的蒙

图4-2　明长城遗址（张晨霖 摄）

古人，还有来自东北的建州女真人，所以在统治的 200 多年间一直没有停止过对长城的修建，东起鸭绿江边的虎山，西至嘉峪关，全长 1.46 万里。"明代长城工程之大，自秦皇、汉武之后，没有一个朝代能与之相比，工程技术也有很大改进，结构更加坚固，防御作用也大大加强。我们可以这样说，万里长城这项从春秋战国开始建筑，经秦始皇连城一气的伟大工程，到明代才完成。"①

长城不只是一道单独的城墙，而是由城墙、墙台、敌台、烽火台、关城、墩堡、营城、卫所、关、塞、隘、口等多种防御工事所组成的一个完整的防御工程体系。

城墙，是长城的主体建筑，翻山越岭，穿沙漠，越绝壁，犹如一条巨龙，横亘在农耕区和畜牧区的中央。"因地形，用险制塞"是修筑长城的一条重要经验。修筑城墙，就是充分地利用地形，如像居庸关、八达岭的长城都是沿着山岭的脊背修筑，平均高度 7—8 米，墙基 6.5 米，顶部 5.8 米，呈梯形，非常稳固。城墙墙顶由三四层砖块铺砌而成，靠里一侧用砖砌成一米多高的女墙，外侧砌成二米高的垛口，垛口上方留有小口作为瞭望眼，垛口下面留有射眼。

墙台和敌台，是城墙凸出来的台子，相隔不远就会有一个。墙台凸出于墙外，外侧砌有垛口，主要作用是在敌人登墙时，可以从侧面射击，形成上、左、右三面防御。敌台是骑墙的墩台，高出城墙二、三层，可供士兵居住，并放置武器和弹药。这一工事是明代名将戚继光所创，在他的军事著作《练兵纪验》中有详细的记载。

烽火台，是一个独立的高台子，在长城的两侧，紧靠长城，台上有守望的房子和燃烟放火设备，以烽火和烟云传递军情，白天燃烟，夜晚放火。汉代烽火台上竖立高架子，高架上悬挂笼子，笼子里面装上干柴枯草，一遇敌情，晚上放火叫烽，白天燃烟叫燧，所以叫烽燧，而由此形成烽燧制度。

城、障、堡、堠（hòu），是分布在长城北外的防御建筑，用于驻兵防守。城是与长城紧密相连的小城，一般面积不大。城与城之间相距 10 里不等。

---

① 罗哲文：《长城史话》，北京出版社，2018 年版，第 71 页。

障也是一种小城，与城不同之处是，城可以兵、民同住，而障只住官兵。堡与城障差不多，也是用来驻防的，一般有城墙围绕，也有居民。堠也叫亭候，是瞭望报信的岗哨，与烽燧配合使用。

关、塞、隘、口，是平时出入长城的要道，也是长城防守的重点。长城的关、塞、隘、口非常多，这些地方是敌人入侵的突破口，所有都要筑城设险来阻塞敌人进入。比如居庸关，《淮南子》说，"天下九塞，居庸居其一"，就在居庸关控沟设险，在隘口的外侧建筑长城，里侧设烽火关城，起到"一夫当关万夫莫开"的效果。

修建长城是一项规模宏大的艰巨工程，需要大量的人力、物力和财力。人力，首先来自戍边的军队。秦始皇修建长城，就是用派给蒙恬的 30 万北上打退匈奴的军队。其次是强迫征调的民夫，秦始皇时期大约有 50 万。三是发配充军的犯人。秦汉时期，专门有一种刑罚叫"城旦"，就是惩罚去修长城的人，为期 4 年。在八达岭长城，发现了一块明代万历十年（1582 年）修筑长城的石碑。碑文显示，这一段长仅 70 丈（约 200 米）的长城就动用了数千名官兵和民夫，而官兵是从山东济南卫、青州卫和肥城千户所多地调来的，工程的艰巨可见一斑。由于施工多在高山深谷，又没有先进的运输和施工设备，全靠人力，要把长 3 米、重 2 000 多斤的条石及大量的石灰运送到现场，其施工难度可想而知。而物力和财力消耗更是惊人。以明代为例，修一公里长城一般需 7 700 多两银子，高的则要 31 500 多两。明代共修建长城约 6 300 公里，而每年维持北方 14 个军镇的费用高达 800 多万两银子，而这些都出自黎民百姓。[①]

可以说，长城上的一砖一石都浸透了修建者和天下百姓的血汗和泪水。有一首《饮马长城窟行》的诗中说："生男慎莫举，生女哺用脯（fǔ）。君独不见长城下，死人骸骨相撑拄。"另一首《修边谣》中说："去年修边君莫喜，血作边墙墙下水。今年修边君莫忧，石作边墙墙上头。边墙上头多冻雀，侵晓霜明星渐落。人生谁不念妻孥，畏此营门双画角。"

---

① 黄仁宇，《十六世纪明代中国之财政与税收》，生活·读书·新知三联书店，2001 年版，第 376 页。

三　长城有何价值?

对长城的价值，历来都有很大的争议，褒贬不一。

肯定者以孙中山为代表。他说："中国最有名之工程者，万里长城也……工程之大，古无其匹，为世界独一之奇观。"他认为："由今观之，倘无长城之捍卫，则中国之亡于北狄，不待宋明而在楚汉时代矣。如是则中国民族必无汉唐之发展昌大而同化南方之种族也。"

否定者以康熙皇帝为代表。他有两首关于长城的诗，第一首叫《蒙恬所筑长城》："万里经营到海涯，纷纷调发逐浮夸。当时用尽生民力，天下何曾属尔家。"另一首叫《北古口》："断山逾古北，石壁开峻远。形胜固难凭，在德不在险。"为什么康熙认为长城没有用呢? 为什么他认为治国"在德不在险"?

康熙为什么能如此夸口呢? 因为只有清王朝使得农耕社会和游牧社会相安无事。历史上，有过中原农耕文化强盛，使游牧民族臣服的，如汉、唐;也有游牧民族入主中原的，如金、元，但是只是改变了王朝的边界，并没有消除两种社会的对峙。也就是说，如果中原农耕政权不能代表游牧社会的利益，即使它一度武力控制了游牧地区，却站不住，反过来也一样，如果游牧政权不能代表农耕社会的利益，即使一度武力控制农耕地区，也同样站不住。

也许是满人亦农、亦牧、亦猎的独特生活方式，使它在文化上对游牧文化和农耕文化都能够理解，这个历史难题被他们解决了。清军入关前，对蒙古人采取怀柔政策，通过联姻结成反明联盟，入关后又软硬兼施，双管齐下。康熙一面通过武力解决准噶尔，一面利用蒙古人对喇嘛教的偏好，广建庙宇，有所谓"明修长城清修庙"的说法。此外，还有一项重要政策，即转移支付，就是用农耕地区的财政收入补贴给游牧地区的蒙古王爷，即所谓保证马蹄不践踏农田。而以上措施的确奏效了，这也许就是康熙自负的原因吧。

其实，康熙对秦始皇的揶揄和嘲讽过时过早。虽然他和子孙比较成功地解决了农耕和游牧社会的矛盾和冲突，但是他们却无力解决随即而来的新的矛盾和冲突。西方工业社会的大船从海上冲来了，工业社会和农耕社会的新冲突到来了。他们闭关锁国，根本无力应对，最后败下阵来。鲁迅曾说："我总觉得周围有长城围绕。这长城的构成材料，是旧有的古砖和补添的新砖。两种东西联为一气造成了城壁，将人们包围。何时才不给长城添新砖呢？"①这哪里是批评长城，分明是批评面对工业化大潮的抱残守缺和拒绝"拿来主义"。

当历史远去，看待沉淀下来的历史也许更加客观。长城的历史和文化价值是毋庸置疑的。

从历史价值看，第一，长城保障了中原地区的安定和和平。孙中山说："其道安在？曰：为需要所迫，不得不行而已。"修建长城是不得已而为之。中国人经历了太多的战争，战争的残酷性和毁灭性给人留下太深的记忆。汉代一位诗人写道："战城南，死郭北，野死不葬乌可食……水深激激，蒲苇冥冥。枭骑战斗死，驽马徘徊鸣。"一场厮杀过后，尸横遍野，骁勇的战马都在战斗中被打死了，留下一匹老马在苍凉的芦苇丛中嘶鸣。元代的一位诗人写道："居庸关，何峥嵘，上天胡不呼六丁，驱之海外消甲兵，男耕女织天下平，千古万古无战争。"修建长城有说不尽的艰辛，多少人为之付出了生命。但与惨烈的战争相比，人们会毫不犹豫地选择和平。长城在军事防御上的作用是不容置疑的，此外，长城能够给农耕民族带来心理上的安全感，处在惴惴不安中的人，怎能过好生活呢？②

第二，长城促进农牧交流和对话。长城就坐落在农牧经济和文化的自然交汇处，既将两种经济、文化隔开，又将两者联结在一起。长城的数十个关口，大多设在南北交通的要道上，这些关口有城堡，有市场，也有客栈，为商贸交易和文化交流提供了便利。关外有牛羊、毛皮和马匹等，关内有农产品和手工制品等，两种经济、文化体现了很强的互补性，你需要我，我也需要你，没有长城，这种平等的交易和交流就难以实现。如明代通过"互市"平台，形成了南北双方"往来长城下"的格局。"互市"既有官办，也有民办，马市、茶市、茶马市等，既是商品交易，又是文化交流，草原文化如骑马、射箭、摔跤、音乐、舞蹈等传入关内，关内的诗歌、戏剧、绘画、工艺美术、手工

---

① 鲁迅：《鲁迅全集》（第三卷），人民文学出版社，1982年版，第58页。
② 叶朗、朱良志：《中国文化读本》，外语教学与研究出版社，2008年版，第127页。

业技艺又转到关外。虽然交流双方受到一定的限制，但长城形成了农牧经济、文化的汇聚线。

从文化价值看，首先，长城成为民族精神的象征。中国历史上建造大型工程很多，但是没有哪一个工程像长城这样，能够如此体现集体的意志，因为长城对每一个家庭、每一个个体都有价值和意义。在长城面前，无论是高高在上的皇帝和官员，还是下层的黎民百姓，他们是一个真正的共同体。因此，长城可以视为是共同体合力的成果。正是这个成果，当中华民族遭遇危难的时候，人们会情不自禁地想到它，把它作为一种精神力量的象征。这个象征，就是众志可以成城，形成强大的凝聚力。《义勇军进行曲》中就有"把我们的血肉，筑成我们新的长城"的歌词，激励中华儿女为民族伟大复兴而团结奋斗。

其次，长城成为文学的宝藏。古往今来，以长城为题的文学艺术作品从未中断。以诗歌为例，脍炙人口的，如汉代蔡文姬的《胡笳十八拍》："冰霜凛凛兮身苦寒，饥对肉酪兮不能餐。夜间陇水兮声呜咽，朝见长城兮路杳漫。追思往日兮行李难，六拍悲来兮欲罢弹。日暮风悲兮边声四起，不知愁心兮说向谁是！"如唐代王昌龄的《出塞》："秦时明月汉时关，万里长征人未还。但使龙城飞将在，不教胡马度阴山。"如唐代高适的《使青夷军入居庸三首》之一："登顿驱征骑，栖迟愧宝刀。远行今若此，微禄果徒劳。绝坂水连下，群峰云共高。自堪成白首，何事一青袍。"如当代毛泽东的《沁园春·雪》："北国风光，千里冰封，万里雪飘。望长城内外，惟余莽莽；大河上下，顿失滔滔。"

最后，长城成为文旅的胜地。长城不愧为"伟大的城墙"的称谓，它是迄今为止世界上最伟大的建筑。1987年，长城被列入世界文化遗产名录。长城很美，体现在它的雄奇博大上，它不仅纵横万里，体量巨大，而且大开大合，如同一位书法家，在无垠的天幕上留下了壮丽墨迹。长城不是直线的延伸，而是蜿蜒曲折。登上长城远看，会有一种回环往复的气韵在回荡。司马台长城建在陡峭的山脊上，山脊委婉曲折，长城的身段也随着山势而起伏，忽而落入深渊之下，忽而跃于山顶之上。它就像一条巨龙，一会儿到一片苍松翠柏的深山中豪饮山泉，一会儿又到高高的天穹上舞动身姿。置身望京楼上纵

图4-3 司马台长城（张晨霖 摄）

目四望，长城尽览眼中，让人真正感到创造力的伟大，把人投入一种恍惚与赞叹的愉悦之中。①

《创世纪》中，亚伯把该隐杀了，弟弟把哥哥杀了，牧羊的把种地的杀了。而现实中，北方的游牧民族把南方的农耕文明灭了，古巴比伦文明、古埃及文明和古印度文明，都没逃脱被灭亡的命运，而东方的华夏文明独存，并延续至今，除了第一讲中论及这个文明自身体量巨大之外，长城究竟起了什么样的作用，值得后人深思。

---

① 叶朗、朱良志：《中国文化读本》，外语教学与研究出版社，2008年版，第132页。

第五讲

兵 马 俑

"秦王扫六合，虎视何雄哉。挥剑决浮云，诸侯尽西来。"这脍炙人口的诗句出自大诗人李白笔下，描绘秦始皇统一六国时那种霸气十足的气象。在这首名为《古风》的诗歌中，还有以下两句话："刑徒七十万，起土骊山隈。"是说他用了 70 万的犯人，在骊山脚下修筑了一项工程。这项工程所耗费的人力几乎与长城相当，可见这项工程之宏大。这项工程就是他自己的陵墓。李白在写这首诗的时候，只是叙述有关这个帝王的两件事情，霸气是历史的传说，陵墓在深土之中，后人都没有见过，而且诗人也没有将霸气和陵墓联系在一起。尽管诗人有无限的想象力，但是他不会想到，在他之后的一千多年，在这个陵园被打开的一角，竟然再现了这位帝王霸气十足的气象。

一 军团何以深埋？

1974 年春天，陕西临潼西杨村的村民，打井的时候，在地下 3 米处挖出一些陶片，又在 4.5 米处挖出了青铜兵器。这个偶然的发现，引发了一场大规模的考古活动，一座宏大的地下兵马俑坑展现在世人的面前。

陆续发现和发掘了三个坑。一号坑，就是农民发现陶片的地方，是一个大坑，东西长 230 米，南北宽 62 米，距地表深度 4.5—6.5 米，面积 14 260

平方米，有陶俑、陶马 6 000
多件。二号坑小些，在一号坑
的东端北侧，两坑相距 20 米，
互不相连，彼此独立，东西长
96 米，南北宽 98 米，距离地
表 5 米，面积 9 216 平方米。

　　二号坑有陶俑、陶马 1 300
余件，其中拉车的陶马 67 匹，
骑兵的陶质鞍马 180 匹，骑士
俑 108 件，另外出土木质战车
64 乘。二号坑明显不同于一号
坑的，就是战车多，有 89 乘，
是一个以战车组成的军阵，每
乘战车后面都跟随一定数量的
步兵俑，是战车与步兵结合的
编组。

图 5-1　兵马俑
发掘现场

　　三号坑在一号坑的西端北侧，相距 25 米，东距二号
坑 120 米。这个坑更小，东西长 28.8 米，南北宽 24.57 米，
约 520 平方米，距离地表 5.2—5.4 米，呈凹字形状，坐
西朝东。坑内有木质战车 1 乘，陶俑、陶马 72 件。

　　从布列上看，一号坑是一个长方形步兵阵。埋藏的陶
俑与真人大小差不多（一般身高 1.8 米左右，最高的 2 米，
最矮的 1.72 米）。前锋部队有三列横队，每列有武士俑
68 个，共计 204 个。后面是兵阵的主体，共有 38 路纵队，
每路长约 180 米。两侧各有一列横队，每队约有武士俑
180 个，是军阵的两翼。后面也有三列横队，每列有重
装武士俑 60 个，作为军阵的后卫。前面的三列横队作为
前锋，基本上都用弓弩，属于轻装步兵。后面的 36 路纵队，
重装步兵俑 4 000 多个，矛、戟、铍（pī）、弩多种兵

器混用。而两侧担任翼卫的部队，配备的绝大多数是弓弩，是远射程的兵器。这种兵器配备，体现了长短相杂、长亦护短、短亦护长的武器配备原则。由此形成一个巨型的方阵，约有6 000个武士俑，个个穿着铠甲，手握青铜兵器，兵器都是实物。四个坑中，这个坑规模最大，气势也最壮。

图5-2　一号坑的步兵阵（王智超摄）

二号坑是一个多兵种曲尺形阵。与一号坑不一样，是由四个小型军阵组合而成。前端是弩兵组成的方阵，由立射俑和跪射俑组成。立式弩兵俑60个，而在军阵的中心是8路跪蹲式弩兵俑，共有160个，一个个英武有力。右侧是由64辆战车组成的方阵，共有8排，每排8辆车。战车前驾有四匹大马，与真马大小差不多。在马的后边，有3个兵俑，平行排列，中间的兵俑拉马辔，两侧的兵俑持长柄兵器。中间的方阵有19辆战车，264个步兵俑和8个骑士俑组成长方形阵，共分三列。每匹马前立骑士俑1个，一手牵马缰，一手作控弓状。每乘车后除3个车士外，还跟随一些步兵俑。左侧是一个骑兵方阵，108个骑士俑和 180 匹陶鞍马俑排成 11 列横队，组成长方形骑兵阵。二号坑的阵型相对比较复杂。四个小阵套在一块，组成一个矩形阵，即大阵套小阵，大营包小营，阵中有阵，营中有营，可分可合，分开以后可以单独作战，合在一起浑然成为一体，可以多兵种混合作战。

三号坑是军阵的指挥部。由于战车装饰华丽，车后配有 4 个武士俑，1 个驭手，1 个军吏，另外 2 个甲士，考古学家认为，这叫驷乘车，是特殊状况下，为了加强护卫才会有 4 人乘车，另外根据这个坑结构复杂，警卫森严，应该就是古代的军幕，即统帅军队的指挥部。①

实际上还发现了一个四号坑，位于一号坑中部北侧和二号坑、三号坑之间，东西宽 48 米，南北长 75 米，约 4 600 平方米，坑深 4.8 米，有完整的坑形，但是个空坑，可能是遭遇突发情况，没有来得及放置兵马俑。

这是一个完整的军团。一号坑是右军，二号坑是左军，四号坑是中军，而三号坑就是统帅三军的指挥部。尽管没有中军的军阵，仅从一、二、三这三个坑森然布列的 8 000 多件兵马俑来看，战车、骑兵和步兵三种兵种齐全，是一个战斗力很强的军团。

战车由于速度带来了力量，以及车上攻击和防御的有效组合，因而是战争中的一支重要力量。三个坑共有战车 140 余乘，其中一号坑 50 余乘，二号坑 89 乘，三号坑 1 乘。这些战车并非仿制，与真实的战车在大小、结构完全一样，而且都是木质质地。单辕，前驾 4 匹陶马，车舆宽 140 厘米，进深 120 厘米；双轮，轮高 134—136 厘米，轮辐 30 根。一般车上 3 名甲士，1 名驭手，另外 2 名（车左、车右）手持兵器与敌人格斗。战车后跟随步兵，8 个，28 个和 32 个不等，作战时分散在战车前、左、右，夹辕而战，组成最基本的作战单位。

战马则显得非常剽悍，都是雄性，膘肥健硕。二号坑骑兵方阵中，有鞍马 116 匹，马与真马大小差不多，马长约 2 米，首高 1.72 米，至鬐胛 1.33 米，都是精选的良马。马背上雕有鞍鞯（jiān），头上戴有络头以及衔、镳。每匹前面有一个牵马的骑士俑，身高 1.8 米左右，一手牵马，一手持弩。他

---

① 袁仲一：《亲历考古：秦兵马俑探秘》，浙江文艺出版社，2011 年版，第 34 页。

们个个身体修长，体态匀称，英姿勃勃，也是遴选而来的。这些骑兵离合聚散，行动敏捷，百里为期，千里纵横，是战场上一支强劲的队伍。

步兵是古老的兵种，古代叫徒兵。坑里的步兵有两种，一种是隶属步兵俑，是跟随战车作战的，一种是独立步兵俑。这种兵俑共计932个，个个勇猛刚毅，也分两种，一种是轻装步兵俑，不戴头盔、不穿铠甲，着装轻便，行动敏捷，所用武器是弓弩；另一种是重装步兵俑，身穿铠甲，绑有护腿，主要兵器是戈、矛、戟和弓弩。轻装步兵俑在前，位于阵表，如果处于攻势，先用弓箭进行远距离攻击，压制对方，打乱敌人的阵势；如果处于守势，则用弓箭击杀敌人的冲锋，打乱或阻止敌人的进攻。重装步兵俑在他们的后面，位于阵体，当前锋遏制或打乱了敌方，便乘势发动冲锋，打垮敌方。

为什么这个雄赳赳的军团深埋地下呢？在俑坑西侧1.5公里处就是神秘的秦始皇陵。这位中国历史上第一个皇帝，13岁继承王位的时候，就在渭水之南，骊山之北，为自己建造陵墓，到49岁暴毙，修建了37年，也没有建好。尽管如此，没有影响他的陵墓成为世界上花费最大的陵墓。本来封土高度是115米，经过2 000多年的侵蚀和风化，如今大约76米，封土占地近25万平方米，而陵园占地面积超过56平方公里。陵园中，已经发现的陪葬坑180多座，而兵马俑坑只是其中之一。

那么，秦始皇为什么要用兵马俑作为他的陪葬呢？

二 军团何以横扫六合？

秦始皇生前对自己非常用心，第一，他不想死，所以养了一帮方士为他到处寻求仙丹，他想"长生不老"；第二，他也知道人不可能不死，如果非有一死，那么死后要和生前一模一样，生前所拥有的一切，一样都不能少。他是皇帝，是独一无二的，是凌驾于一切之上的，陵墓也必须是最高的、最大的，也是最好的。

所以，要把陵墓修建得跟城池一样，有内城和外城两道城墙，内城周长3 870米，外城周长6 321米；也要有四个城门，城门上有高大的门桥；门桥之外，是宽广的司马大道，通向远方。在城池里面，要有他居住的大型宫

图 5-3　秦始皇陵

殿；宫殿里面要有他日常生活的所有物品；大殿之外，要有他出行时所坐的车辆。已经出土的两辆铜车马，其中一辆是一种带有篷盖的豪华车，车舆接近正方形，宽 78 厘米，进深 88 厘米，极尽奢华之能事。

此外，还发现和发掘了一些陪葬坑，比如有铜禽坑，里面埋着珍禽异兽，鹿、鸡之类的，是为了满足他生前喜欢驰骋打猎的需要；还有百戏俑坑，里面有扛（gāng）鼎俑、寻橦俑、旋盘俑、角抵俑、百戏俑等，这些都是用来表演而取乐的。

而在众多的陪葬中，兵马俑对他是最重要的。秦始皇深知，秦国之所以能够强盛，最终横扫六国，统一天下，是因为有一支虎狼之师，特别能打仗。秦人由军事起家，逐渐成为军事强国，又从军事强国，发展到军事帝国，再由军事帝国，摇身一变而成为政治帝国。所以，军队是秦国的根本，是秦国的一切。他不能让活的军团陪葬，就用兵马俑复制军团，好让军团随他在另一个世界，继续为他开疆拓土。为什么秦军团有横扫六合的能力呢？

首先，生存环境养成秦人善战。秦人最初生活在西汉水的边陲地带，一个叫犬丘的地方，与西戎杂处，养马为业，改变部族命运的是一个叫秦非子的先祖。养马只是周王给秦人的角色之一，还有一个更重要的角色就是"屏周"。之前，秦人与犬戎杂居已有一二百年的历史，没有任何文献记载这段时间里，秦人是怎样活下来的。要生存，只有变得与犬戎一样，骁勇善战，否则早就被灭了。秦人尚武，忠实地承担着周王赋予的职责，用鲜血和生命，为周王奋战在第一线。在犬丘被犬戎攻占后，周宣王命令秦非子的后人秦仲讨伐，结果战败身亡。宣王又命其长子庄公（名"其"），率领周军七千人继续攻击，大获全胜，夺回了秦的祖邑。据考证"不其簋"的铭文，就是记录庄公指挥这场战役、大破犬戎的情况。此簋是目前所知最早的秦人含铭的青铜器。

秦人的忠诚和战斗能力最终迎来了一个重要的机遇。公元前770年，秦襄公因护送周平王东迁有功，被封为诸侯。《史记》中说："周避犬戎难，东徙洛邑，襄公以兵送周平王。平王封襄公为诸侯，赐之岐以西之地。"[1] 秦人经过三百多年的浴血奋战，终于有了自己的地盘，并成为与东方诸国平起平坐的诸侯国，为其独霸西部地区，进而向东部地区进击奠定了坚实的基础。

据文献记载，秦襄公在其后与犬戎的征战中死了，葬于故地西垂，即现礼县的大堡（bǔ）子山。根据近年大堡子山的考古发掘，在一座被盗的秦公大墓中，发现一个大型车马坑，长36.5米，从残存的遗迹看，坑内原有殉车四排，每排并列3乘，共计12乘，辕东舆西，每车两服两骖，计4匹马。坑内散落着一些制作精美的金属片和铜车饰。考古学者推测，此墓很可能就是秦襄公之墓。如果这个判断成立，则说明襄公时期，秦人已经熟练地掌握了马车的制作技能。也就是说，秦人不但在与犬戎长期的鏖战中，磨炼出了尚武好战、积极进取的意志，而且还掌握了最先进的养马技能和制作兵车的技术。

《诗经》中的《秦风》只有10首，但与马和马车有关的就有4首，是秦人掌握新技术和新技能的一个明证吧。如《车邻》："有车邻邻，有马白颠。"

---

① 司马迁：《秦本纪》，《史记》，第1册，中华书局，1982年版，第179页。

《渭阳》："我送舅氏，曰至渭阳。何以赠之？路车乘黄（四匹黄马的大车）。"
《驷驖（tiě）》："驷驖（四匹黑骏马）孔阜，六辔在手。公之媚子，从公于狩"，"游于北园，四马既闲。辅（yóu）车鸾镳（biāo），载猃歇骄"。
而《小戎》则专门写战车：

> 小戎俴（jiàn）收，五楘（mù）梁辀。游环胁驱，阴靷（yǐn）鋈（wù）续。文茵畅毂，驾我骐馵（zhù）。言念君子，温其如玉。在其板屋，乱我心曲。
>
> 四牡孔阜，六辔在手。骐骝是中，騧骊是骖。龙盾之合，鋈以觼軜（jué nà）言念君子，温其在邑。方何为期？胡然我念之！
>
> 俴驷孔群，厹（qiú）矛鋈镦（chún）。蒙伐有苑，虎韔（chàng）镂膺。交韔二弓，竹闭绲（gǔn）縢（téng）。言念君子，载寝载兴。厌厌良人，秩秩德音。

> （小的兵车和小的车辆，五皮革贯铜环绕住车毂。活动的环控制骖马入服，暗的革带贯铜环使骖马接续。老虎皮垫用来舒畅车毂，驾着各色马的家畜。我想念那君子人，温和得真如美玉。他住在板木屋，扰乱我的心曲。
>
> 四匹雄马很壮实，六根缰绳拿在手。中间都是杂色马，黄黑骏马向前走。画龙盾牌可配合，铜环扣住内辔钮。我想念那君子人，温和在邑可为友。不知现在是何时，为何我又想念他？
>
> 四马不甲很合群，三隅矛杆装铜镦。盾牌画有文彩，虎皮弓囊镀了金。弓囊交错放二弓，绳索捆住竹制檠。我想念那君子人，睡睡起起不安宁。那个好人又安静，又是智慧有德行。）[①]

此后，秦人向北、向东拓展，数次迁都，于前677年迁都到雍城（今陕西省凤翔县西南），并在秦穆公时期称霸西戎，成为"春秋五霸"之一。秦

---

① 周振甫：《诗经选译》，中华书局，2005 版，第 122-124 页。

人从秦非子到秦始皇，在历经周朝 38 个君王，将近 800 年的时间跨度，秦人大多能锐意进取，是中国历史上鲜见的部族。究其原因，是大多时候能保持忧患意识，并对危机具有很强的军事反应能力。

其次，商鞅变法使秦国成为军事强国。关于商鞅变法，已在第四讲韩非子论述，这里不再赘述。简言之，变法的核心之一是奖励耕战，实质是打破贵族对利益的垄断，让民众在耕织和战争中也能获取利益。变法使秦国处于一种战时状态，一切围绕战事，耕织也是为了战事，杀人越多，军功越大，奖励也越多。一场战斗，一个人可以从一文不名的黔首百姓，一夜之间，变成一名名利双收的将军。这种由君王提供的人生机遇，历史上是非常少见的。由于这种利益导向具有巨大诱惑性，因而常使人以命相搏，最终成为战争机器，而由战争机器组成的军队，就成为虎狼之师，国家也由此成为一座军营，秦国以军事强国的定位在纷争中脱颖而出了。

最后，嬴政本人具有杰出的军事战略才能。商鞅虽然因变法而死，但变法在秦国没有中断，反而代代相传。实际上，与其说商鞅变法，还不如说秦孝公变法。商鞅在台前，在幕后的则是孝公，而变法的最终得益者是君王，通过变法使国家强大，又加强了王权，可谓一举两得。到嬴政执政，几代人变法征程终于结出了硕果。

嬴政的个人能力，李白说他"明断自天启，大略驾雄才"，一是说他有高超的驾驭能力，他手下有一批才能出众的人，如李斯、王翦、蒙恬、姚贾、尉缭等，有政治家、有军事家，也有外交家，每一个都能很好地为他所用，进而形成一个很有工作效率的团队，在他统一指挥下共同完成吞灭六国的霸业。二是说他判断力极好，非常善于做决定，而这个特长在消灭六国的过程中被体现得淋漓尽致。

比如丞相李斯向他提出先弱后强的战略，建议他"先取韩以恐他国"，却被他否决了。六国中，韩弱而赵强，如果先打韩国，很可能出现一个以赵国为首的多国联盟，秦国的军力可以对付六国中的任何一个国家，但对付不了多国联军，所以他做出了集中兵力攻击赵国的决策，并啃掉了这块硬骨头，也一并解决了韩国和魏国。对于齐国和楚国，群臣建议先齐而后楚，也被他否决了。齐、楚都有相当强的军事实力，相比较而言，齐国比楚国弱些，但

齐国与秦国一直交好，楚国则与秦国结
怨很深，如果先攻齐，楚国会乘机和齐
国结盟，而如果先攻楚，齐国则不会主
动帮助楚国，因此他决定先楚而后齐，
再次集中兵力攻击楚国，60 万大军攻
陷楚都寿春。楚国一灭，齐国孤立无援，
与王翦大军一触即溃，也被顺利解决。

秦始皇的功劳不但在于统一六国，
还在于建立了一个全新的政体。天下一
统后，必须用新制度来保卫军事成果，
需要把战时体制转换日常体制，把军事
帝国转换为政治帝国，而这个新制度，
一是皇帝制，皇帝终身任职，拥有至高

图 5-4 秦始
皇画像

无上的权力，皇位世代相袭；二是废除世卿世禄制，实行
任命的、非世袭的官僚制，所谓三公九卿，同归皇帝辖制；
三是废除分封制，实行郡县制，各级行政长官也直接听命
于皇帝。因此，这个政体的实质就是皇帝集权制。这个政
体的称谓很多，也叫君主集权制，也叫中央集权制。

打天下，需要所向披靡的军团，保卫新制度和新政体，
同样需要这个军团。所以，兵马俑在秦始皇陵中有着非常
重要的地位。

三 军团何以复活？

兵马俑的发现引起世人轰动，1987 年被列为世界遗
产名录，被外国人称为"世界第八大奇迹"。为什么会被
称为奇迹呢？一方面，是因为它有不凡的气势，像是一个
复活了的军团，另一方面，是因为它的雕塑艺术达到极高
的水平。

从整体布局上看，兵马俑模拟了秦军一个军团的编列，8 000多件陶俑、陶马完全就像真人、真马，一列列、一行行森然有序，场面宏大，气势磅礴，仿佛看到了一个浩浩荡荡的军团昂然站立在面前，使人联想到贾谊形容秦始皇的威势，"振长策而御宇内"，挥舞着鞭子，驱赶天下，兵马俑所展现的，正是这种驱使天下的帝王的气势。

在具体布局上，兵马俑所展示的既不是兵马仪仗出行的场景，也不是战场搏击的画面，而是整装待发、严阵以待的瞬间动态。手持实物兵器的7 000多个兵俑肃然而立，保持立正姿势，正在等待下一个指令；战车已套上战马，准备启动待发；战马也扬鬃翘尾，一副跃跃欲试的架势。整个军团蓄势待发，只要一声令下，就像会堤坝打开决口一样，汹涌澎湃而出，气吞万里山河如虎。置身其中，仿佛能听到战马嘶鸣，战车辚辚，将士高声呐喊，一副排山倒海的壮景。

从雕塑艺术角度看，兵马俑采用写实风格，千人千面。这么多兵马俑的制作，很容易落入简单复制的俗套，一般情况下，也很难不落入俗套。但这里所有的俑人和陶马，都非常真实，没有夸张变形，力图抓住不同的细节，精雕细刻，从而展示每一个俑人的不同特点。

图5-5 兵俑的脸型与表情

比如脸型，有国字型，田字型，目字型，甲字型，由字型，申字型，风字型等；如胡须，有八字胡，有山羊胡，有络腮胡等，有的飞起来、有的翘起来、有的则卷起来；再如表情，有凝重，有舒展，有蹙眉，有抿嘴，有耳竖，有鼻张等。头型、发型、眼、眉、鼻、唇、耳、胡须等是造型的重要部位，通过这些部位的不同组合，

塑造出各不相同的人物，使每个俑人都富有动感，充满生气。

形体的塑造也多种多样。战士俑有的体魄健壮，像铁塔一样站立，孔武有力；有的身体修长，五官清秀，性格沉静；有的面带稚气，眉宇舒展，似乎是初次出征，对战场充满好奇；有的额头已显褶子，神情肃穆，像是老兵，多了一份凝重。将军俑也神态各异。有的身材魁梧，五官舒朗，手拄长剑，巍然而立；有的面庞长狭，长须飘然，稳健而儒雅；有的头大面阔，容颜浑厚，皱纹道道，像是久经沙场的老将；有的一手在袖笼内，一手则伸出袖外，拇指压住食指，像在掐指测算，显得足智多谋。

有学者说，有的俑人面庞为长方形，阔额宽腮，五官粗犷，性格淳朴憨厚，一望便知是关中秦人的典型形象；有的有一张长方形的田字面庞，五官清秀，神态机敏，似来自巴蜀地区的士卒；有的容颜淳厚，宽宽的额头微向后缩，高颧骨，宽耳轮，结实，强悍，有陇东人的特征；有的高鼻梁，高颧骨，络腮大胡，像是来自西北的少数民族士卒。[1]

图 5-6　跪射俑

穿着上也力求逼真。铠甲、服饰与真的一样，特别是铠甲，铠片的大小、叠加方向和真的完全相同，几乎看不出有什么区别。而且铠甲穿在不同的士兵身上，也有所不同。铠甲的缝褶，也随着人物的动态而显示出变化。如二号坑的跪射俑，

---

[1] 袁仲一：《亲历考古：秦兵马俑探秘》，浙江文艺出版社，2011年版，第107页。

随人物蹲跪所形成的着力点的不同，铠甲也出现变化，不管何种姿态，铠甲都能妥帖地动态展示，使得这些人物栩栩如生。这些士卒头绾（wǎn）发髻，身着战袍，外披铠甲，右膝着地，左腿弯曲，身体微微前倾，双目凝视前方，胸前的两手一上一下，作控弓之状。虽然弓箭已不存在，但仍可感觉到准备射箭的紧张态势。

马俑在三个陪葬坑中也是数量庞大，共有 600 多匹，或拉车的马，或骑兵的战马，这些陶马的造型比陶俑更加逼真。马的造型骨劲而力丰，腹部微微上收，前脚上提，后脚下沉，耳朵挺拔翘起，一副凛然不可侵犯的样子。马首高高昂起，面部如斧头削出，硬朗中显示出洗练。鼻子微张，而唇吻略闭，眼睛突出，十分传神。二号坑有一匹乘骑战马，与真马的大小相当，它前面有一骑兵静立。马的四蹄伫立，鬃毛竖起，尾巴在静垂中又微微翘起，富有力量感。整体雕刻风格简洁古朴，令人惊叹。

兵马俑的色彩也非常丰富。原先都是彩绘，发掘出来后因风化而脱落。主要色彩有红、绿、蓝、黄、紫、褐、白、黑八种颜色，如果再加上深浅浓淡不同的颜色，如朱红、粉红、枣红色、中黄、粉紫、粉绿等，色彩有十几种之多。这些颜色都是矿物质，红色由辰砂、铅丹、赭（zhě）石制成。绿色为孔雀石，蓝色为蓝铜矿，紫色为铅丹与蓝铜矿合成，褐色为褐铁矿，白色为铅白和高岭土，黑色为无定形碳。这些色彩的使用，使兵马俑更具艺术魅力。

这些精美的艺术品出自当时的工匠之手，这些工匠不是一般的工匠，而是艺术家。每一件作品都是他们的精心创作。好在考古学者发现了他们的名字，他们把名字刻在或印在兵马俑的隐秘处，如腋下、臀部等地方，然后人们知道了他们，宫墙、宫得、宫进、右衣、咸阳赐、咸阳午……

正是这些艺术家的创造，千百个神态各异、充满生气的兵马俑构成了一个整体的静态军团，从而达到了一种意想不到的艺术效果。"静极则生动，愈静则愈动"。这种由恢宏的阵列，宏伟的构图所产生的静态，使人感受到了一种神奇震撼力。这种震撼力又使人禁不住发出阵阵感叹。

站在兵马俑前，人们除了感叹，还会引发深思。李白说："但见三泉下，金棺葬寒灰。"秦始皇打造了一个军事帝国，又把它打造成第一个君主集权

图 5-7　一号坑
兵马俑

制的帝国，然后军团和强权并没能让帝国传之久远，而是
二世而亡，给后世留下了太多值得记取的东西。他纵有虎
狼之师，纵有至高无上的权力，纵有天选英才，但为什么
还是失败了？一个被武力和权力宠坏的人，没有敬畏，恃
强斗狠，为所欲为，无论是谁，也难逃覆灭的命运。

第六讲

石 窟 佛 像

　　石窟佛像，是佛教文化的瑰宝。佛造像是佛和与佛教有关的雕塑和绘画，多见于各种寺院，而尤以石窟佛像著称。它既是先民艺术创造所留下的珍贵遗迹，也是他们追寻信仰的生动见证。如今，这些石窟静静地伫立于青山绿水之间，记载着中外文化交流、激荡与融汇的盛况，呈现着中国文化发展曲折、艰辛与兼容的特质，彰显着中国佛教艺术的神奇魅力。

一　佛法何以东来？

　　佛教是外来文化。广义地说，它是一种宗教，包括它的经典、仪式、习惯、教团的组织等；狭义地说，它就是佛所说的言教，用佛教固有的术语来说，就是佛法。[①]

　　它的创始人叫乔达摩·悉达多，是公元前6世纪古印度迦毗罗卫国的王子。这位王子生活的年代与老子、孔子大体相当，但是他们思考的问题却不一样。老子和孔子热衷于对人类美好社会的设计，而他却对人生的终极关怀情有独钟。实际上，他思考的问题很简单，就是寻求解脱生老病死等苦痛之道，归

[①] 赵朴初：《佛教常识答问》，中国佛教协会印行，1983年版，第6页。

纳起来就是：第一，人生为何充满苦痛？第二，如何才能解除这些苦痛？为此，他放弃了王位，通过苦修和苦思，终于在接近人到中年的时候找到了答案。

这个答案也很简单，人之所以苦痛是因为不能满足内心的欲望，而要消除苦痛，唯一办法就是不断减少欲望，直到无望而知足。谁达到了无欲的境界，就会死后获得重生；他的灵魂会在"涅槃"（即不生不灭的境界）中获得永恒的超脱。

既然人生苦痛的根源在于烦恼，那么如何使人摆脱这个苦痛的根源，达到理想境界呢？佛教所谓"八正道"，就是通向涅槃解脱的正确方法或途径，即正见、正思维、正语、正业、正命、正念、正定、正精进，按此修行可由凡入圣，从迷界此岸达到悟界彼岸。[①]

悉达多的意义在于，他不仅是思想家，还是实践家，他不是一个只说不做的空头理论家，也不是为一己偏见而执拗的盲动派。他不但是这样想的，也是这样做的。这是他之所以能够成佛的根本原因。有人问："你是神吗？"他回答："不是"。再问："你是圣人吗？"回答："不是。"三问："那么你是什么呢？"他说："我醒悟了。"他的这个回答成了他的头衔，因为这就是佛的意思。至于释迦牟尼则是佛教

图6-1　释迦牟尼坐像

① 赵朴初：《佛教常识答问》，中国佛教协会印行，1983年版，第19-32页。

徒对他的尊称，因为他是释迦族，意为释迦族的圣人。

悉达多可能不是历史上第一个醒悟的人，但是他是第一个致力于引导众人醒悟的人。从他醒悟时起（有的人说30岁，有的人说35岁），到80岁涅槃，一直在实践和宣传他的证悟。[1]这种现身说法非常有影响力，吸引了许多受众。在他众多弟子的努力之下，他平时的言谈被整理成文本，并由两路向外传播。南路主要往东南亚，以小乘佛教为主，追求"自我解脱"；北路先往中亚，然后传入东亚，以大乘佛教为主，追求"普度众生"。两路并进，满足不同受众的需要。秦汉之际，佛教在中亚流行，出现了胡僧。"丝绸之路"开辟，便由此道东传。

一般认为，汉明帝永平十年（67年）佛教正式传入。明帝夜里梦见金人飞进殿庭，第二天早上询问大臣。太史傅毅说：西方有个大圣人，名字叫佛，陛下梦到的恐怕就是他。明帝便派中郎将蔡愔(yīn)等18人去西域，访求佛道，遇到竺法兰，摄摩腾两人，并得到佛像和经卷，用白马驮回洛阳。明帝专门建立了精舍，以便他们专心翻译佛经，这个精舍就是中国第一座寺庙白马寺，也被称为佛教的"祖庭"。

这一点星火，到了魏晋南北朝的时候，竟成燎原之势。之所以能够兴盛起来，是因为那个时代人们需要它。一方面，汉代自"罢黜百家、独尊儒术"以降，经学大行其道，并逐渐成为教条，丧失了文化的活力；另一方面，佛教宣扬慈悲普度，善恶报应，轮回转世，认为只要依法修行，便能脱离苦海，达到涅槃境界，这些人生的终极关怀，在动乱年代特别契合人们的不安和恐惧心理的需求，所以能迅速传播。

王国维说："佛教之东，适值吾国思想凋敝之后。当此之时，学者见之，如饥者之得食，渴者之得饮，担簦（dēng）访道者，接武于葱岭之道，翻经译论者，云集于南北之都，自六朝至于唐室，而佛陀之教极千古之盛矣。此为吾国思想受动之时代。"[2]

为了满足受众的需求，中西僧人坚贞勇毅、万苦不辞地奔波于天竺、西域和中国，寻求、翻译并传播佛经。西域、天竺僧东来的愈来愈多，《高僧传》

---

[1] 赵朴初：《佛教常识答问》，中国佛教协会印行，1983年版，第6页。
[2] 王国维：《论近代之学术界》，《王国维遗书》，第5卷，上海书店出版社，1983年，第520页。

中记载的就有数十人，其中最著名的有竺法护、佛图澄和鸠摩罗什等。在西僧东来的同时，中土也出了不少高僧，他们精研佛道，不远万里，西行求法，是当时佛教繁兴的又一推动力量。道安、慧远、法显和玄奘等便是其中的代表人物。

值得注意的是，作为外来文化，佛教在中国的传播和接受，经历了一个漫长而艰辛的历程。因为中国的本土文化非常强大，尽管那个时候非常需要异文化，但并不等于就照单全收。对佛教的吸收和消化，要基于受众既有的文化心理，或者说，如何理解和接受这个全新的外来文化，要以受众的既有的认知作为基础。而不同的受众，他们的认知又有不同。

总的来看，受众有两种。一种是一般民众，他们从一开始就把佛陀当作自己心目中的神仙来供奉，把佛教当作可以解除困厄、驱使鬼神、让人长生不老的宗教来信仰。[①] 一般民众以他们独有的认知，率先使印度佛教变成中国佛教。另一种是文化阶层，他们的理解和接受则要复杂得多。他们最初用当时流行的"道""玄"思想解释佛教经义，也是用他们的认知来理解佛教，所遵循的也是一般民众的路径。此后，出于不同的文化心理和认知，出现了很多教派，如三论、华严、唯识、天台、净土、律宗、密宗、禅宗等。禅宗的出现，标志着这个阶层也完成了佛教中国化的历程，因为禅宗思想契合了文化阶层固有的追求心灵自由和超越的心理。一个禅宗中，又分出楞伽宗、北宗和南宗等不同支派，而在一个南宗中，又有五宗七家、默照禅、看话宗等，佛教中国化多家并进，可谓盛兴一时。

■二　石窟佛像因何产生？

佛教广为传播的同时，大量的寺院也随之出现了，石窟寺就在其中。石窟寺是开凿在河畔山崖上的佛教寺庙，简称石窟。在石窟里，有佛造像，即与佛和佛教相关的雕塑和绘画。这一传统也是来自佛教的故土印度。

印度佛造像本身是一种功德，目的有三：一是为了观看。《观佛三昧海经》（卷六）中说："佛告阿难：汝从今日持如来语，遍告弟子，佛灭度后，造

---

① 葛兆光：《古代中国文化讲义》，复旦大学出版社，2006 年版，第 80 页。

好形象，令身相足，亦作无量化佛色像，及通声光及画佛迹，以微妙彩及颇梨珠安白毫处，令诸众生得见是相，但见此相心生欢喜，此人除却百亿那由他恒河沙劫生死之罪。"二是为礼拜和供养。《观佛三昧海经》（卷六）中又说："若有众生于佛灭后，造立形象，幡花众香持用供养，是人来世必得念佛清静三昧。"三是信仰者得福。"佛告王曰，若当有人，作佛形象，功德无量，不可称计，世之所生，不堕恶道。天上人中，受福快乐。"《法华经》中说："若人为佛故，建立诸形像，刻雕成众相，皆已成佛道。"

为什么要选在河畔山崖凿窟呢？最初印度佛教徒选择这些地方，首先是因为当地气候炎热，而岩窟中不但冬暖夏凉，而且适合静居，特别是酷暑季节，这些地方的确是一个理想的去处。所以石窟的选址大多选择偏远的地区，以远离尘世的喧嚣，最好是依山傍水，环境清静。其次，从建造成本看，石窟寺大多就地取材，所耗无非是开凿的费用，而在地面上建造寺院则需要耗费大量的用材。最后，基于修禅的考虑。修禅需要相对安静的环境，不被外人打扰。《付法藏因缘传》中说石窟是最佳修禅的地方："山岩空谷间，坐禅而龛（kān）定。风寒诸勤苦，悉能忍受之。"此传还记载了一则故事："南天竺国有二比丘，心意柔和，深乐善法。素闻尊者达摩蜜多比丘坐禅第一，即共相将往诣其所。于其住处有三重窟。尔时，人进至上窟，见向比丘已于中坐。"

中国开凿石窟于始于3世纪，终于16世纪，前后持续了一千多年，其间以5—8世纪为最盛。从石窟的结构和用途来看，可以分为七类：一是窟内立中心塔柱的塔庙窟；二是没有中心塔柱的佛殿窟；三是僧人生活起居和禅行的僧房窟；四是塔庙窟和佛殿窟中雕塑大型佛像的大像窟；五是佛殿窟内设坛置像的佛坛窟；六是僧房窟中专为禅行的小型禅窟（罗汉窟）；七是小型禅窟组成的禅窟群。

石窟寺最早开凿于新疆地区，然后沿着河西走廊一路往东，逐步遍及中原北方地区，再随南北朝时期民族大迁徙而南下，南方石窟开凿的最早年代在5—6世纪，如南京栖霞山石窟，浙江新昌大佛等。四川是南方石窟相对集中的地区，如6世纪的广元千佛岩石窟，7世纪的巴中西龛石窟，9—13世纪的大足石刻等。西藏地区的石窟多在10世纪以后，以摩崖龛像为主。

因此，中国石窟主要集中在西北和中原北方两个地区。

西北地区包括新疆和甘宁两个地区。新疆地区在古代被称为西域，是最早接受佛教的地区，在佛教东传过程中起到了重要的桥梁作用。这个地区的石窟分在自喀什向东的塔里木盆地北沿路线上，集中在三个地区：一是古龟兹（qiū cí）区，在今天的库车和拜城一带，有克孜尔石窟、克孜尔尕（gǎ）哈石窟等。二是古焉耆区，在今天的焉耆回族自治县七格星一带，有七格星明屋和石窟。三是古高昌区，在今天的吐鲁番附近，有吐峪沟石窟、柏孜克里克石窟等。其中拜城的克孜尔石窟规模最大，开凿时间也最早，从 3 世纪始，4—5 世纪最盛，一直延续到 8 世纪。克孜尔石窟在木扎提河北岸的崖壁上，高度约 80 米，东西长约 3 公里，总计 236 个，其中形制比较完整，壁画遗存较多的洞占三分之一左右。窟中所保存的大量早期具有龟兹地区地域特色的壁画，充分呈现出以龟兹文化为主体的佛教艺术魅力。[1]

甘宁地区，一是河西区。甘肃黄河以西各县沿南山的地段，大多有数量不等的石窟。自西往东，主要有敦煌

图 6-2　敦煌莫高窟

---

[1] 董玉祥：《从印度到中国：石窟艺术的产生与东传》，艺术家出版社，2012 年版，第 105 页。

莫高窟、安西榆林窟，玉门昌马石窟，酒泉文殊山石窟，张掖马蹄寺石窟和威武天梯山石窟等，以敦煌莫高窟规模最大，延续时间最长。莫高窟建在大泉河畔的鸣沙山的断崖上，现有洞窟735个，壁画4.5万平方米，泥质彩塑2 415尊，雕塑和彩绘以佛像为主，有"千佛洞"之誉。从5世纪到14世纪，在长达千年的时间里，一代又一代人矢志不渝地在这里凿窟造像，使之成为一个融彩塑、壁画和建筑为一体的综合艺术宝库。

二是河东区。主要石窟有甘肃的永靖炳灵寺石窟、天水麦积山石窟、庆阳南北石窟等和宁夏固原须弥山石窟。在炳灵寺石窟的169号窟无量寿佛龛有420年的题记，是现存石窟有明确纪年的最早的一处。麦积山石窟开凿于5世纪左右，在小陇山的一座孤峰上，高142米，因山形酷似麦垛而得名。在山峰西南的悬崖峭壁上，现存洞窟194个，每个洞窟都有佛教造像或壁画，现存泥塑、石雕作品共计7 300多件，其泥塑造像工艺非常精美，

图6-3 天水麦积山石窟（陈斌 摄）

彩绘也很有神采，有历史学家称之为"陈列塑像的大展览馆"。

中原北方地区，以晋豫陕和以东以北地区。陕西的石窟大部分是 6 世纪以后开凿的，因而是中原北方地区晚期石窟集中的区域。主要有彬州市大佛寺石窟，富县石泓寺石窟，延安万佛洞石窟等。晋豫以及以东以北地区，以 5-6 世纪皇家显要开凿的石窟为主流，如山西大同云冈石窟，河南洛阳的龙门石窟等，延续这一主流的还有河北邯郸响堂山石窟，山西太原天龙山石窟，辽宁义县万佛堂石窟，河南渑（miǎn）池鸿庆寺石窟、安阳宝山石窟，以及山东济南黄花岩石窟等。这些石窟都以精美的石雕艺术著称，而且清晰地显示了彼此的密切联系，充分表现了佛教石窟逐步中国化的具体过程。其中云冈石窟位于武州山南麓和武州川北岸，东西长约 1 公里，主要洞窟 45 个，石雕造像 59 000 多件，是古代最大石窟群之一。

图6-4　大同云冈石窟 （张伟 摄）

龙门石窟坐落在风景优美的伊水河畔，在两岸的山壁上凿有 1 300 多个洞窟，造像 10 万多个，是世界上造像最多、规模最大的石刻艺术宝库，被誉为"中国石刻艺术的最高峰"。

图 6-5　洛阳龙门石窟

三　石窟佛像的魅力何在？

与佛教教义中国化的历程一样，石窟佛像也经历了从印度佛像到中国佛像演变的过程，而最能反映这个发展变化的，是在西北和中原北方地区。这个演变的过程大致可以分为四个时期。5—6世纪，是这个地区开凿石窟的盛期，以大佛窟、佛殿窟和塔庙窟为主，辅之以少量的禅窟和禅窟群。佛造像以三世佛、释迦、交脚弥勒、释迦多宝对坐像、千佛和思惟像为主，也有本生、佛传和维摩文殊对坐像，此后又有七佛、无量寿佛（阿弥陀）、倚坐弥勒和观世音、骑象的普贤等。7—8世纪，以佛殿窟和大佛窟为主，也有佛坛窟。除释迦造像外，阿弥陀、弥勒、药师等净土图像及观世音图像逐渐复杂起来，出现了地藏像，密教形象也开始盛行。9—10世纪，石窟开凿日渐衰落，石窟形制多模仿地上的佛殿，窟内的壁画则盛行排列多种经变的新形式。此外观世音的崇奉非常普遍，出现观世音的各种变相。天王的形象也很流行。11世纪以后，石窟开凿越来越少，罗汉形象逐渐盛行，出现了布袋和尚，儒释道合

流的形象出现了。①

是谁推动了这个变化，使佛教艺术中国化？当然是从事这种艺术创造的工匠们，今天可以把他们称为艺术家（画家、雕塑家、建筑家）的那个群体，可是他们很少留下自己的名字，也很少留下自己的形象，因为他只是受雇者，而留下了名字和形象，则是一些雇佣他们的人。这些雇佣者有一个共同的称谓，叫供养人。

供养人是指佛教出家的比丘、比丘尼及社会各阶层信仰佛教的男人（优婆塞）和女人（优婆夷）等。供养人具体可以分为两种：一是统治阶层，皇帝、官僚、大地主和为统治阶层服务的比丘和比丘尼；二是为求自己永离苦难的一般民众，即所谓"邑义"和"邑子"。这些人都认为，石窟造像就是敬事"佛宝"的表现，皈依三宝，首先就是敬佛，供养佛。供养佛的好处是："自作供养者，得大果报；他作供养者，得大大果报；自作他作供养者，得最大大果报。"②

这些信仰者根据自己的财力和能力，决定不同的供养方式。统治阶层开凿大窟、供养大型佛像，一般民众开凿小窟，供养小型佛像。《魏书·释老志》记载了云冈石窟的开凿和它的供养人："昙曜白帝，于京城西武州塞，凿山石壁，开窟五所，镌建佛像各一，高者七十尺，次六十尺，雕饰奇伟，冠于一世。"供养人和工匠们，或奉献出虔诚、热情和财力，或奉献出真诚、智慧和技能，在他们通力协作下，中国的石窟艺术得以产生并流传了下来。在长达近千年的时间里（高潮持续了四五百年），有那么多的人为追求信仰而矢志不渝，可谓中国文化艺术史上的一次创举。

石窟艺术实际上就是佛教艺术。它反映了佛教思想及其发生和发展的过程，它所创造的佛、菩萨、罗汉、护法，以及佛本行、佛本生的各种故事形象，都是通过具体人的生活形象而创造出来的，因而它是不能割断与每个历史时期人们的生活联系，它虽然不能直接反映社会生活，但是曲折地反映了各历史时期、各阶层人物的生活景象。③而从具体作品的分布来看，西北地区以

① 宿白：《中国石窟寺研究》，文物出版社，1996年版，第18-19页。
② 阎文儒：《中国石窟艺术总论》，广西师范大学出版社，2003年版，第171-172页。
③ 阎文儒：《中国石窟艺术总论》，广西师范大学出版社，2003年版，第5页。

塑像和壁画为主，而中原北方地区则是雕刻为主。但无论是绘画还是雕塑，都经历了逐步中国化的过程。在这个过程中，通过对印度的佛像艺术不断地吸收、扬弃和改铸，最终形成符合中华民族审美理想和审美趣味，体现中国风格的佛像艺术。

绘画中，飞天是一个常见的题材，是指石窟绘画中的飞神，源自印度，与西域文化和中原文化融汇后，形成中国特色的飞天。它没有翅膀，而是凭借飞舞的彩带、飘逸的衣裙凌空飞翔，形成一种独特的艺术形象。这一形象的创造持续了近千年，大致可以分为初期、中期和后期三个时期。

初期是模仿期，大致在北凉到北魏这个时期。这个时期的飞天深受印度和西域飞天的影响，总体上看与西域飞天之间有很大的相关性。其艺术造型特点是，头型浑圆，脸型圆润，眼大鼻直，口方耳大，上体半裸，臂膀粗壮，腰缠长裙，肩披巾袋，巾袋飞动，看似在半空中飘飞。这类造型在克孜尔石窟、麦积山石窟、天梯山石窟和莫高窟中都能见到。敦煌莫高窟中的第 254 号窟，所绘两身飞天

图 6-6　莫高窟254 号窟的北魏飞天

是北魏时期的作品，最能代表这个时期飞天的特点。这两个飞神，头圆脸圆，直鼻大眼，耳大有环，上身裸露，挥动臂膀，巾带飞舞，衣裙飘飘，天花散落，像空中的两个劲舞者。

中期是探索期，大致在西魏到隋这个时期。有研究表明，这个时期的飞天处于佛教天人与道教羽人，西域飞天与中原飞仙相互交流、相互融汇、不断创新求变的阶段，从而产生了不同文化合璧的飞天，为唐代飞天完全中国化奠定了基础。隋代，莫高窟中的飞天种类很多，姿态也最为丰富，呈现西域飞天和中原飞天同时并存状况：既有脸型丰圆的，也有清秀的；既有身材健硕的，也有修长的；既有上半身裸露的，也有着装的；既有穿无袖短裙的，也有穿宽袖长裙的；既有梳着发髻或秃发光头的，也有戴着冠冕的；既有单飞的，也有群飞的；既有向上飞的，也有向下飞的；既有顺风飞的，也有逆风飞的。第427号窟是飞天画面最多的洞窟，共计108身，一齐逆风飞翔。从装饰看，上体半裸，头戴冠冕，肩披彩带，系长裙，颈部饰以璎珞，手臂着有环镯；从姿态上看，或手持各种乐器（箜篌、琵琶、横笛、竖琴等），或双手合十，或手捧花盆，或拿着莲花，或扬手撒花；从整体画面看，风云激荡，气场宏大，飞花飘飘，飞天酣畅，动感强烈，生机盎然。

图6-7　莫高窟427号窟的隋代飞天

后期是成熟期，大致贯穿整个唐代。这个时期的飞天，已经没有印度飞天和西域飞天的风貌，完成了飞天的中国化。莫高窟第321号窟是初唐的

图 6-8 莫高窟
第 321 号窟唐代
双飞天

双飞天，就像舞姿曼妙的空中双人舞：身材修长，昂首挺胸，面带微笑，双腿上扬，双手散花，徐徐而下，即将穿越云霄，衣裙巾带随风飘动，像两只自由飞翔的凤凰，美丽至极。第 320 号窟的四飞天是盛唐作品，在彩云飘荡、香花遍布的背景下，左右两侧的双飞天，身材修长，姿态轻盈，围绕中间的华盖，奋力向上，一个在前，回首散花，一个在后，挥臂紧随，整个画面既展现了展翅飞翔的一种自由状态，也彰显出奋发向上的时代进取精神，是唐代飞天的代表作。

佛像雕塑也同样经历了中国化的过程，而这个过程是通过佛像的民族化和女性化完成的。民族化是通过形象和

图 6-9 云冈石
窟第 20 号窟大佛

服装来塑造的。早期石窟雕塑，佛的形象完全是外来的，印度人的面孔，高鼻深目，头发卷曲，胡须向上翻卷，服装也是偏袒右臂、裸露胸膛的印度披肩装。从北魏开始，这些发生了变化，无论是形象和服装都出现了中国化，或中国人的面孔，或中国的服装。云冈石窟的第20窟的大佛，虽然是印度装，但面孔却是中国人，据说是依照北魏开国皇帝道武帝的形象雕刻的。

图6-10 麦积山石窟第44号窟中大佛

到了唐代，佛像雕塑已完全中国化了，无论是面孔还是衣着，都按中国人的传统和需要进行改造，其中最有代表性的特点是，佛造像的男相女性化。印度的佛、菩萨造像都为男性，到了中国之后，逐步被女性取代。麦积山石窟第44号窟中一佛二菩萨的佛雕是西魏时期的作品，据考证是武都王元戍根据母亲西魏皇后乙弗氏生前的形象塑造的。这尊佛像，面容饱满，眉目细长，嘴角微微内含，双目略略下视，面带微笑，温婉贤良，饱含温情，呈现的是一种慈母之爱。

莫高窟中的第45窟中双身观音像，是唐代作品。两尊彩塑，慈眉善目，顾盼生情，亭亭玉立，与其说她是天国的神灵，倒不如说是人间的美女。①

---

① 叶朗、朱良志：《中国文化读本》，外语教学与研究出版社，2008年版，第169页。

图6-11 莫高窟
45号窟中的双身
观音

龙门石窟中最大的一个石窟奉先寺是由武则天主持开
凿，而其中的卢舍那大佛就是以她为原型的。卢舍那是释

图6-12 龙门石
窟奉先寺卢舍那
大佛

迦牟尼的化身佛，而这尊佛像，姿容饱满，体态丰盈，眉清目秀，略含微笑，是一个端庄含蓄、温雅亲和的形象。

还没有哪一种外来文化能像佛教文化一样，如此广泛而深刻地影响中国的文化，也没有哪一种外来艺术能像佛教艺术一样，如此广泛而深刻地影响中国的艺术。一方面，在中国文化寻求新的发展空间的时候，需要吸收外来文化；另一方面，当外来文化进入之后，并不是简单的移植和拷贝，而是根据自身文化的偏好和惯性，对外来文化进行扬弃，而改造成为我所需、为我所用的文化和艺术。佛教文化的中国化为中外文化的交流、激荡和融汇提供了一条清晰的路径，而这个路径还继续延伸着。

器 物

青 铜 器

青铜时代（Bronze Age），是世界文明史中的一个重要概念，指人类使用青铜器的那个特殊的历史阶段。这是人类历史上第一次工业革命，彻底改变了石器时代的社会面貌，人类从此告别了步履蹒跚时代，开始起步奔跑，进入了加速度的历史发展时期。中国也有灿烂的青铜文明，在世界文明史中占有重要的地位。不仅如此，中国的青铜器非常独特，以其特有的文化艺术价值，在文化艺术史中也占有非常重要的地位。

一　何为中国的青铜时代？

中国有五行之说，与阴阳和八卦一样，反映了先民对自然界的认知和解释。现在人们习惯说金、木、水、火、土，实际上先民对这五种元素的认知顺序是水、木、火、土、金。水是万物之源，它对人类的重要性居于首位是无疑的。人类为了生存，必须获得食物，而为了食物，拿起了木棒（器）。当然，木棒（器）的作用不仅仅是工具和武器，还可以燃烧，是火的产生和存在的重要基础。火的发现，是人类历史的大事件。虽然是偶然得之，但是燧木取火，应该是人类第一个伟大的发现。火，改变了人类的生活，推进了文明的进程。先民会把所有的东西拿到火上去烤一烤，在烤泥土时，发现了陶冶，当然泥土不仅可以制陶，还可以种植。

金，金属的统称，是制陶时的偶然发现，一种类似于泥土的砂状或块状的物质，在煅烧之后，会变成比陶器更坚硬的东西。这一发现，对先民们是一个意外之喜。因为这种新东西，如果能够为人所用，将会大大超越于石器和木器，一定能够带来更大的能量，增添意想不到的能力。在漫长的历史中，那些早慧的先民和敏锐的部落首领，不断专注于：第一，寻找这种物质，即发现新材料；第二，如何把这种新材料打造成为人类所用的器具，即发明新技术。这样，红铜（纯铜或自然铜）和青铜率先进入先民的视野，而冶炼和铸造技术也随之产生了。

其实，人类使用红铜（自然铜）打造兵器、工具和装饰品的时间更早，但真正具有文明象征意义的还是青铜器。青铜是红铜（纯铜或自然铜）与锡或铅的合金，因为颜色青灰，故名青铜，熔点在 700～900 ℃之间，比红铜的熔点（1 083 ℃）低。含锡 10%的青铜，硬度为红铜的 4.7 倍，性能良好，可以做兵器、礼器、炊具和各种生产用具。《考工记》中对商周青铜的冶炼技术有详细记录，如对铜与锡合金比例的要求：

　　　金有六齐：六分其金而锡居一，谓之钟鼎之齐；五分其金而锡居一，谓之斧斤之齐；四分其金而锡居一，谓之戈戟之齐；三分其金而锡居一，谓之大刃之齐；五分其金而锡居二，谓之削杀矢之齐；金、锡半，谓之鉴燧之齐。[①]

又如准确地记录冶炼过程中颜色随炉温变化的规律：

　　　凡铸金之状，金与锡，黑浊之气竭，黄白次之；黄白之气竭，青白次之；青白之气竭，青气次之，然后可铸也。[②]

[①] 孙诒让：《周礼正义》本《考工记》，邹其昌整理，人民出版社，2020 年版，第 135 页。
[②] 孙诒让：《周礼正义》本《考工记》，邹其昌整理，人民出版社，2020 年版，第 178-179 页。

世界各地进入青铜时代的时间并不相同。最早进入青铜时代的是西亚和东南欧等地，大概在公元前3 500 年。中国最早使用铜器大约在仰韶文化时期，考古发现了那个时代的黄铜管，但真正掌握冶炼技术并能够铸造青铜器则是在龙山文化时期，要晚于西亚和欧洲1 000 年左右。中国的青铜时代，大约在公元前21 世纪到秦始皇统一中国这个时间段，前后有2 000 年左右的时间。而这2 000年正好与夏、商、周（西周、东周）三代相合。①

图7-1　二里头
遗址出土的夏鼎

根据河南偃师二里头遗址的考古发现，夏代已经能够铸造精美的青铜器。但夏代的青铜器用材单薄，而且数量不多，也就是说，青铜器还没能成为夏代的主要用具，新技术对整个社会的影响还不是很大。但不管怎么样，夏代终成为一个划时代的标志，因为从那个时代开始，人类开启了智慧之眼，从地面深入到地下，从表层探视到深层，并不断探寻一切可以为人类所用的新材料和新技术，其热情一直持续到今天，不但没有减弱，反而与日俱增。

青铜器制造，人类一项重大的技术发明，闪亮登场了。新技术开始步入先民的生活，深刻地改变着历史，塑造着文化。

青铜时代已经到来，谁能率先拥有足够的青铜矿石资源，谁能率先掌握熟练的青铜冶炼和铸造技术，谁就能在部族赛跑中冲在最先面，成为历史的领跑者，成为文明进

———————————
① 李伯谦、唐际根：《青铜器与中国的青铜时代》，中国科技大学出版社，2018 年版，第7 页。

程的主导者。哪个部族会有这般幸运呢？

有一个部族，它的前半段历史，与夏一样还在传说之中，而后半段竟然奇迹般地清晰起来。它不但拥有和掌握了青铜器，还留下了历历在目的甲骨文字，让人们第一次看到了中国历史的文字记录，也首次领略到了赫然的文化大观。这个部族叫商。

商人从哪里来？有说它早期在中国东部的滨海地区，后来到了中原，但究竟是中原土著居民，还是迁徙而来，都没有明确的证据，所以没有定论。按照司马迁的说法，夏、商、周三代的始祖禹、契（xiè）、弃，都在尧、舜时期担任公职，也就是说，他们的部族是平行发展的三个政治势力，只不过夏条件更好，发展更快，率先成了老大。所以，陈梦家说："窃疑夏之十四世，即商之十四世，而汤武之革命，不过亲族间争夺而已。"[1]

王国维说商是第一个使用牛运输的部族，曾经到达河北的易水流域。这给人们留下了无限的想象空间。是不断地迁徙，使这个部族有了开阔的视野和超人的见识？还是

图 7-2 殷墟青铜器

① 陈梦家：《陈梦家学术论文集》，中华书局，2016 年版，第 60 页。

在不断迁徙中发现了青铜矿石并掌握了熟练的青铜冶炼和铸造技术？总之，这个部族的确有过人之处，有一系列的创新之举，而青铜器则是商文化的代表。早商以郑州遗址为代表，其早期的铜器中也罕见容器，早商文化的晚期则已有成套的青铜礼器。盘庚迁殷以后，可称为商代后期，以殷墟文物为代表，青铜礼器、兵器及工具都已司空见惯，至今已有数千件出土。[1]

商人创造的青铜文明产生辐射，向周边地区扩散，形成了以中原为中心，北至河北和山西中部，西至关中平原，南到长江中游（抵达江西和湖南北部），东至鲁中地区的文明版图。有学者认为，长江流域的三星堆文明与中原文明也有密切的关系。也许可以从周人接受辐射的过程，看到青铜文明的巨大影响力。

周人也是一支古老的部族，其先祖姬弃即后稷，在渭河流域的邰城（今西安省武功县西南）从事农业耕作。可是夏的后期，他的后人不窋（zhú）被迫逃往北部的山区，后来公刘又迁到豳（bīn）。到了古公亶父的时候，周人又有一次大迁移，由豳迁到岐山的南麓叫周原的地方。几百年间，周人祖先屡屡迁徙，只是为了活下去，应该没有得到多大的发展。

从泾水流域先周文化第一期出土最多的长武碾子坡遗址来看，墓葬的陪葬品都很简陋，出土的工具也以石质的居多，陶质的和骨质的次之，铜质的很少。周人的快速发展，应该是回迁渭河流域之后，历经四代，即古公亶父，儿子季历，孙子姬昌（文王），重孙姬发（武王），在不到一百年的时间里，在周原这个地方，不但站稳了脚跟，而且迅速崛起。而之所以能迅速崛起，一是因为周人有德，二是因为接受了商的青铜文明。周取代商后，全面继承了商的青铜文明遗产，并在此基础上发扬光大。

二　中国青铜器何以独特？

与世界各地的青铜器相比，中国的青铜器可谓独辟蹊径。在1 500多年的青铜时代里，一代代先民以极大的热情铸造出各式各样的青铜器。青铜器

---

[1] 许倬云：《西周史》，生活·读书·新知三联书店，2018年版，第37页。

主要有四类：青铜兵器、青铜工具、青铜农具和青铜礼器。西亚和东南欧地区的青铜器以兵器为主，而中国的青铜器则是以食器、酒器为主的礼器，这些青铜礼器反映并影响当时的政治、社会、文化等诸多方面。青铜礼器中有许多杰出的作品，可以称得上是举世无双，从而形成了中国独特的青铜文化。[①]

青铜礼器种类很多，主要是各级贵族的宗庙和宫室中不可缺少的道具和用具，用于祭祀、宴飨和典礼仪式等场合。青铜礼器包括饪（rèn）食器、酒器、水器和乐器等，而每个种类又可分出十多种乃至二十几种。目前出土的青铜器有数万件，这仅仅是历史遗存的一小部分，其中饪食器、酒器就有四十多种。可见，青铜礼器是一个复杂的体系。在这个体系中，从技术和设计层面看，青铜礼器都经历了从不合理到合理，从简单到复杂的不断创新过程；从文化层面看，青铜礼器反映的是王朝的更替、典礼制度的变化和习俗的相互影响等多个方面的历史嬗变。所以，青铜礼器的发展史所描绘的正是那个遥远的、辉煌的青铜时代。[②]

饪食器主要分为蒸饪器、盛食器两种。蒸饪器主要有鼎、鬲（lì 历）、甗（yǎn）等；盛食器主要有簋（guǐ）、簠（fǔ）、盨（xǔ）、敦（duì）、豆、铺（pù）、俎（zǔ）、匕（bǐ）等。

蒸饪器中，鼎，有烹煮肉食、四牲祭祀和宴飨等多种用途。青铜鼎是行用最久的青铜器，几乎覆盖整个青铜时代。鬲，煮饭器，三足中空大腹，商

图 7-3　商代后母戊方鼎

图 7-4　西周兽面鬲

图 7-5　西周早期兽面龙纹青铜甗

[①] 李学勤：《青铜器入门》，商务印书馆，2013 年版，第 4 页。
[②] 陈佩芬：《陈佩芬青铜器论集》，中西书局，2016 年版，第 222 页。

代早期出现，西周中期盛行，战国后期消失。甗，蒸饭器，上下两层，上面盛米，称为甑，下面是鬲，用来煮水，通过中间的隔层，以热气蒸米，流行于商末周初。

盛食器中，簋、簠、盨、敦、豆，都是盛放煮熟的粟、稷（jì）、稻、粱等饭食的器具。簋出现在商代中期，晚商、西周盛行一时。簠的基本形制是长方体，分为体和盖两部分，器壁倾斜，西周中期出现。盨也出现于西周中期，其形制是椭圆形，有盖，盖子可以仰放存物。

图 7-6　西周晚期㝬（hú）簋　　图 7-7　西周芮公青铜簠　　图 7-8　西周虢（guó）仲青铜盨

敦出现较晚，最早见于春秋中期，也分两个部分，上下合在一起，呈球形状。豆，盛放腌菜、酱肉等和味品的器具。其形制是上面一个盘子，有一个长柄连接着圈足，有的有盖。商代晚期出现，流行于春秋战国。

图 7-9　战国时期青铜敦　　图 7-10　春秋时期青铜豆

铺，是盛放肉酱的器具，浅圆盘，既大又平，镂空，铺与豆的区别在于它没有细长的柱柄，在盘下连铸一较宽的高圈足，见于西周中期到春秋时代。俎是切肉、放肉的案子，与鼎配合使用。匕是挹（yì）取食物的勺子，呈桃叶形，有长柄。

图 7-11　春秋时期透 雕蟠龙纹铺

图 7-12　春秋时期蟠虺 （huī）纹镂空俎

图 7-13　西周青铜匕

酒器分为饮酒器和盛酒器两种。饮酒器主要包括爵、角（jiǎo）、觚（gū）、觯（zhì）等；盛酒器主要包括斝（jiǎ）、觥（gōng）尊、卣（yǒu）、壶、罍（léi）、方彝、勺等。

饮酒器中，爵出现于夏代晚期，商代晚期开始流行。其形制是前面是流（倾酒的流槽），后面是尖尖的尾部，在流与杯口之间有两个柱子，杯体下面有三足。角的形制很像爵，但没有流和柱，出土较少。

 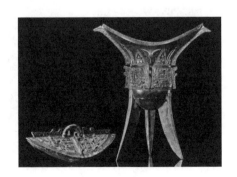

图 7-14　西周康侯青铜爵

图 7-15　西周父乙角

　　觚盛行于商末周初，形制为喇叭口，细腰，高圈足。觯出现于商末，西周开始流行。其形制有圆形和椭圆形两种，口大，细颈，深腹，圈足，大多有盖。据《考工记》记载"一升曰爵，二升曰觚，三升曰觯，四升曰角"，但从出土文物来看，角和爵的容量并没有太大的分别。

图 7-16　商代青铜觚　　　　　图 7-17　西周凤纹觯

　　盛酒器中，斝是行裸（guàn）礼时的用具，也可用于温酒。形制为大口，深腹，下有三根立足，上有两个立柱，盛行于商和周初。觥的形制有常规和

图 7-18　商代青铜　　　　　图 7-19　商后母辛青铜觥
兽面夔龙纹大圆斝

兽形两种，但都口部有流，腹部为椭圆形或长方形，下有圈足或四足，有盖子，盛行于商末周初。

尊是一种高体的酒具，从形体上可以分为有肩大口尊、觚形尊和鸟兽尊，但形制基本差不多，口部略大，圆腹，下有圈足，盛行于商末和西周。卣是专门盛放秬鬯（jù chàng）的祭器，秬鬯是用黑黍和香草酿的酒，其形制有圆形、椭圆形、方形和鸟兽形多种，有盖子和提梁，流行于西周的早中期。

图 7-20　商代九羊方尊　　　　图 7-21　商代祖辛卣

壶是酒器中的大类，流行时间也很长，有圆形、椭圆形、方形和扁形等多种样式。罍也是一种高体酒器，有圆体和方体两种，肩部的两侧有耳，盛行于商末周初。

图 7-22　战国嵌红铜狩猎纹壶　　　图 7-23　商代皿天全方罍

方彝都呈方形，有屋顶形的盖子，盛行于商末周初。勺用于挹酒，是一个小杯连铸在一根长柄上。

图 7-24 西周盠（lí）青铜方彝
（杨晓君 摄）

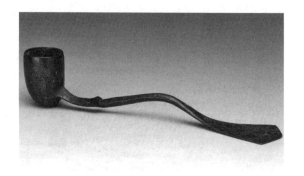

图 7-25 西周青铜素勺

青铜水器主要是在行礼时净手所用，相对要简单些，主要有匜（yí）、盘、鉴等，都是盛水器。匜的形制，口的前面有弯曲的流，腹部椭圆形，有三足、四足或圈足，有把手，流行于西周晚期和春秋时期。盘，《礼记·内则上》中说："进盥，少者奉盘，长者奉水，请沃盥。"表明盘是与匜配合使用的，用匜淋水洗手，用盘接住废水，形制为敞口、浅腹、两侧有耳，三足或圈足，流行于商末到战国时期。

图 7-26 西周青铜匜

图 7-27 西周凤纹青铜盘

鉴的形体一般较大，大口、深腹、平底、两侧有耳，有圈足，也可以盛冰，春秋和战国时期流行。

青铜乐器也是一个复杂的系统，主要有铙（náo）、钟、镈（bó）等，都是打击乐器。铙，是一种圆形乐器，主要用于祭祀和宴乐，殷墟

图 7-28　春秋带环青铜水鉴

妇好墓出土了有五柄成组合的铙。钟，是筒形上端封闭的乐器，也是在祭祀和宴飨时使用，有甬钟和钮钟两种，甬钟上端有柱形附环用以悬挂，而钮钟则为环形。

图 7-29　商代云纹铙

图 7-30　西周青铜钟

镈的形制与钟差不多，但要比钟大，与钟相和使用。镈的下缘是直线，而钟是弧线。钟和镈都可以发出两个不同的乐音，准确地敲击标音的位置，就能发出合乎一定频率的乐音，而将若干个频率不同的钟、镈按照不同的音

阶依次悬挂在一起演奏，就是编钟。湖北随州战国曾侯乙墓出土的编钟多达65个。

图 7-31　东周青铜镈

图 7-32　曾侯乙编钟

青铜礼器要比兵器类的青铜器复杂得多，因此铸造技术难度更大，对工艺的要求也更高。而技术和工艺的提高，一方面来自技术和工艺自身创新的需要，另一方来自政治权力的驱动。青铜礼器都被赋予了不同的政治、宗教和文化等方面诉求，而诉求者就是能够取得青铜资源和拥有铸造技术的权力掌控者。在众多的青铜礼器中，鼎被用来"别上下，明贵贱"，以彰显权力等级和对权力的支配能力，是一种标明身份和地位的重要礼器。

何休注说《春秋·公羊传恒公二年》："礼祭，天子九鼎，诸侯七，大夫五，元士三也。"《礼记·祭统》中说："三牲之俎，八簋之实。"郑注："天子之祭八簋，然则诸侯六簋。"由此可见，在周人的等级社会中，鼎和簋被作为重要的制度指标，以此把统治集团分为五个等级：第一等是九鼎配八簋，第二等是七鼎配六簋，第三等是五鼎配四簋，第四等三鼎配二簋，最后一个等级是一鼎配一簋，以此对应天子、诸侯、大夫和士的不同等级阶层。①

---

① 李伯谦、唐际根：《青铜器与中国的青铜时代》，中国科技大学出版社，2018年版，第138页。

大盂鼎是西周时期的作品，鼎高一米多，浑圆形，立耳，深腹，三足。里面有铭文，内容是康王告诫即将出征的将领盂，要他记住殷商灭亡的教训，不要酗酒。可见这是周天子在宣誓权威，而为了彰显天子的权威，该鼎在制作上力求端正、庄严、肃穆，体现出不可抗拒政治威势。

图 7-33　西周大盂鼎

三　中国青铜器的文化价值何在？

中国青铜器除了传达政治寓意之外，还有很多文化内涵。青铜器的文化内涵非常丰富，由于年代久远，已很难完全解读，但其历史文化价值和艺术价值却是显而易见的。

铭文，是中国青铜器的一个重要特色。世界各地青铜器上绝大多数都没有铭文，只有印度出土的青铜器中少数有很短的铭文。中国出土的青铜器中，有铭文的就有一万多件。商代青铜器已出现铭文，但字数很少。自西周开始，有铭文的青铜器逐渐增多，而且长篇铭文也不断出现。大盂鼎的铭文 291 个字，小盂鼎有将近 400 个字，而宣王时期的毛公鼎多达 497 个字，是目前所见铭文最长的青铜器。铭文对于周代历史，就像甲骨文对于商代历史一样重要。这些铭文，真实地记录了当时战争、政治、经济等诸多事务，提供了丰富而确凿的历史资料，具有弥足珍贵的历史文化价值。周代重大历史事件，都能从中找到踪迹。

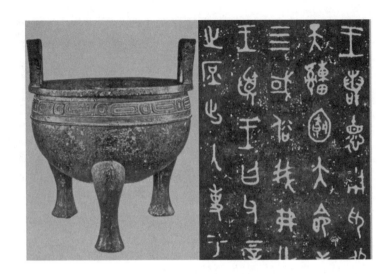

图 7-34　毛公鼎
及铭拓（局部）

在战争事件中，如武王伐纣，利簋的铭文中有清晰的记载："武王征商，唯甲子朝，岁鼎，克昏夙有商，辛未，王在阑师，赐有（右）事（史）利金，用作檀公宝尊彝。"由此可知，武王伐纣是在甲子日的早上，而此簋是牧野之战后第八天，武王的右史利为纪念受王赏赐而铸。

图 7-35　利簋及
铭拓（局部）

又如周公平叛，冉方鼎（周王东征鼎）的铭文"隹（wéi）周公于征，伐东夷，丰白、薄古，咸裁"，记载了周公平定参与武庚叛乱的东方诸国。

图7-36　冉方鼎（周王东征鼎）及铭拓

在政治事件中，如王室祭祀，武王时期的天亡簋铭文："乙亥，王又（有）大丰（礼）。王凡三方，王祀于天室。降，天亡又（佑）王。衣（殷）祀于王丕显考文王，事喜（傸）上帝。"这段铭文记录了武王在乙亥这一天，举行重大的祭祀典礼，祭告其父周文王和天帝，在他们的庇佑下，殷商终于灭亡了。

图7-37　天亡簋及铭拓

又如分封诸侯，康王时期的宜侯夨（cè）簋铭文："王令虞侯夨曰：迁侯于宜。"这是康王改封虞侯夨，让他到宜地去，做宜侯。

宜侯夨簋

图7-38　宜侯夨（cè）簋及铭拓

在经济事务中，如土地纠纷，恭王时期的五祀卫鼎，里面有19行、207字的铭文，记录的是土地补偿而引起的违约案件。铭文的大意是，西周恭王五年正月，裘卫向邢伯、伯邑父、定伯、𤞛伯、伯俗父几位执政大臣告发，邦君厉侵占了他的土地。具体情况是，邦君厉为恭王治理河流时，与裘卫达成土地交换协议，可后来邦君厉并没有兑现自己的承诺。几位执政大臣就此询问邦君厉，邦君厉

图7-39　五祀卫鼎及铭拓

承认了这件事，并说确实应该补偿裘卫"田五田"。于是，大臣们就让邦君厉当场签字画押，并派出三有司的官员实地勘察、划定地界。最后，在家臣厉叔子夙、厉家的管事申季等的辅助下，邦君厉将土地交付给了裘卫。

青铜礼器的铭文除了有历史文献价值之外，还具有艺术价值。铭文是非常优美的文字，或圆润舒朗，或粗犷有力，具有很高的书法审美价值。许多青铜礼器都是非常精美的艺术品，无论是造型还是图案，都极具艺术性。春秋中后期的莲鹤方壶是青铜礼器中的艺术杰作，以其造型独特、纹饰绮丽和工艺精致而享有盛誉。

这个方壶是一对，体态修长，呈扁方形，颈部细长，四面雕有龙兽，腹部略略鼓起，四角也雕有神兽，圈足下是两条怪兽，将壶身托起。壶盖呈绽放的莲花形状，立雕双层莲瓣，而莲花的中央是一只展翅欲飞的仙鹤。这只仙鹤是这件青铜方壶的灵魂，带动了整个方壶作飞动之势。这是一个奇妙的造型组合，笨重的壶身与轻盈的飞鹤，形成一种奇特的视觉效果，显得清新而有活力。

图 7-40 春秋时期莲鹤方壶

纹饰是古人表达精神世界的一种重要手段。青铜器的纹饰非常丰富，内涵非常复杂。有学者对最为常见的饕餮纹做了研究，认为以饕餮为代表的青铜纹饰具有肯定自身、保护社会、"协上下""承天休"的祯祥意义。各式各样的饕餮纹样及以它为主体的整个青铜器其他纹饰和造型，特征都在突出这种指向一种无限深渊的原始力量，突出在这种神秘威吓面前的畏怖、恐

图 7-41　西周提梁卣上的饕餮纹

惧、残酷和凶狠。①

　　青铜时代，中国人把青铜用到了极致，不但书写文字，绘画和雕刻，还用来制作乐器。乐舞是青铜时代的重要文化现象，特别是西周时期开始礼乐之制，青铜乐器的制作兴盛一时。在陕西宝鸡竹园沟（弓鱼）伯墓出土了 3 件一套的编钟，是西周早期作品，也是目前所见最早的编钟。从各地出土的编钟来看，其数量随着时间的推移而逐渐增加，西周晚期一套编钟增加到 8 件，春秋晚期增加到 9 件，而规模最大、最具代表性的是在湖北随州曾侯乙墓出土的战国早期的一套编钟，由 45 件甬钟、19 件钮钟和 1 件镈钟组成，分上、中、下三层悬挂在曲尺型钟架上。每只钟都可以发出两个音，整套钟的音域达到五个半八度有余，12 个半音齐全，还可以旋宫转调。这套编钟完整地保存了原有的音响，现在用来演奏，仍然音域宽广，音律准确，音色非常优美。

　　青铜器，本质上是一种新材料，一项新技术，最先拥有它的世界各地先民都把它当作推动社会进步的锐利工

① 李泽厚：《美的历程》，文物出版社，1981 年版，第 36—37 页。

具，唯有中国的先民把它用到了极致，它不但是一种新材料，一项新技术，而且还是一种新媒介，一个新平台。通过这种新媒介，传达政治、宗教、文化等各方面的诉求；通过这个新平台，书写文化和艺术的新篇章。这个新篇章既为中国文化肇基，又为中国文化确定了走向。

第八讲

瓷　　器

　　瓷器，人类日常生活中最普通的一种用具，竟被中国先民做成了精美绝伦的艺术品，成为人们喜爱的珍宝，独领世界风骚一千多年，以至于西方国家直接用它的英文名字（china）来称呼东方这个神奇的国家（China）。为什么中国瓷器有如此大的影响力？在诸多艺术门类中，瓷器可谓是一种综合性艺术，它集科技、色彩与造型等于一体，让艺术与人们的日常生活紧密结合在一起，在满足实用的同时，感受视角或心灵的美感，而中国瓷器在科技发明、色彩创新和造型设计等诸多方面都是世界瓷器的领跑者。

■一　中国瓷器科技何以领先？

　　瓷器，是一种质地洁白、坚硬而半透明的器物，由胎体和釉子两种物质构成。胎体，就是坯胎，是瓷器的本体；釉子是涂烧在胎体表面的一层光泽物质。涂有釉子的胎体经过 1 300 摄氏度的高温烧制才能成为瓷器。

　　也就是说，烧制瓷器必须同时具备三个条件：第一，适合的胎体原料；第二，在器表施有高温下烧成的釉面；第三，烧制温度须在 1 300 ℃以上。这三个条件中，前两个涉及材料，后一个涉及技术，今天看来都是常识性的问题，但是对它们的清晰认知，是在数千年制作陶器的过程中，逐步积累起来的经验汇集。因此，瓷器源于陶器。

陶器是新石器时代最重要的技术成果，是人类文明的一个重大进步。我国新石器时代早期就发明了陶器，考古发现了距今约一万年以前的陶片。新石器时代中期，陶器发展蔚为大观，仅在黄河流域的仰韶文化、龙山文化、马家窑文化和大汶口文化中，就有红陶、灰陶、彩陶、白陶和黑陶相继出现。

瓷器与陶器的关系密不可分。有专家认为，从历史传统上来讲，陶器和瓷器有些是不能强为划分的。从胎体角度看，可以分为五类，瓦胎、缸胎、铁胎、石胎和浆胎。瓦胎的窑器，不管有釉无釉，都有吸水性，还是陶器。缸胎的窑器，粗厚凝重，有不吸水性，是半陶半瓷的东西，如辽代的缸胎瓷器。铁胎的窑器，胎体像石，色黑如铁，如铁骨泥的北宋官窑的窑器。石胎的窑器，质地细密而坚硬如石，无气孔，不透明，像大理石雕琢而成的物品，如宋代汝窑、哥窑、钧窑、磁州窑的瓷器。浆胎的窑器，其胎体选用精细的瓷粉，加水澄清，融成泥浆而做成的，是一种色如米浆，又轻又薄的瓷器，如清代康熙浆胎瓷器等。①

陶器的胎体是陶土，瓷器的胎体是瓷土，瓷土源于陶土，而把瓷土和陶土分别开来，是制瓷的第一步，也是第一个重要的发现。凡是具有良好可塑性的黏土都可以做陶土，而瓷土是一种特别的物质，叫高岭土，俗称白云土，是以高岭石族黏土矿物为主的黏土和黏土岩，具有良好的可塑性和耐火性等理化性质，其矿物成分主要由高岭石、埃洛石、水云母、伊利石、蒙脱石，以及石英、长石等矿物组成。上等的高岭土色白而细腻，如果高岭土含有沙质或其他成分的物质，则直接影响瓷器的质量，因此选材是制瓷的首要事项。

高岭土如此重要，是因为它里面含有一种特别的物质，这个物质就是釉。釉是一种硅酸盐，把它施在胎体上，经过一定温度的焙（bèi）烧而熔融，当温度下降时形成连续的玻璃质层，或形成一种玻璃体与晶体的混合层。釉的发现和使用，一种新窑器出现了。这种新窑器与陶器不同，它就是原始瓷器。原始瓷器是一种青釉制品，以 2% 的含铁量的黏土成型，再施以釉面，经高温焙烧而成。这种制品，坯体密实，完全烧结，非常接近瓷器，因此，有人也

---

① 傅振伦：《中国伟大的发明：瓷器》，生活·读书·新知三联书店，1955 年版，第 6 页。

图 8-1　洛阳偃师二里头遗址出土的原始瓷片

把它称为"釉陶"或"青釉器"。

原始瓷器可以追溯到商代，有伊尹制瓷的传说。伊尹是商代的名相，之前是个厨子，每天与锅碗瓢盆打交道，也会制陶，有一天突然发现，烧出的窑器出现青翠耀眼的光泽，还能发出玉一般清脆的悦耳之声。经考古发掘，在郑州等地的商代遗址出土了很多带釉的原始瓷罐、瓷尊和瓷罍等（近年考古，在洛阳二里头遗址发掘了夏代晚期的青瓷残片）。

成熟的瓷器是一世纪东汉时期产生的。从原始瓷器到瓷器中间经历了一千五六百年的漫长时期，之所以如此漫长，是因为烧制瓷器的第三个条件也就是"火"的问题没有解决。温度必须达到 1 300 度以上，才能烧出瓷器。温度问题解决之后，一团白泥，一手工艺，在一堆烈火之上，中国瓷器迈上了不断创新的路子。

科技创新需要两个基本的条件，一是科技人员的不断实验，二是实验的物质保障。从原始瓷器到瓷器的时间跨度之所以漫长，还因为制瓷的实验经常中断，而中断的原因是物质保证跟不上。瓷器与青铜器、铁器等其他金属器具相比，其重要性远远不及。掌握青铜器和铁器的冶炼技术，就有可能在社会竞争中掌握主动权，但是瓷器却不会，它最多带来生活品质的提升，而在那时这并不是最重要的。

能够提供物质保障的，一是掌权者，二是商家，他们都以能给自己带来最大利益为原则，不会为利益不大或者看不见利益的科学实验承担风险。所以，直到近代实验室的产生，科技持续创新的问题才真正解决，因为对科学实验的千万次失败，有人愿意为此买单了，也就是说无论是出于政治权力的需要，还是出于商业利益的需要，有人愿意承担因实验失败而带来的损失。从这个角度来看，在漫长的农耕文明里，中国瓷器的创新机制的确是一个值得探讨的话题，这种创新能力从东汉初年到晚清，持续了将近一千八百年的时间。

东汉的瓷器是青瓷。青瓷是施用青釉的结果，青釉是瓷器史上最早使用的颜色釉。浙江是青瓷的发源地，在上虞、绍兴、宁波、慈溪等地，都发现了汉代瓷窑遗址。汉代青瓷比原始瓷器釉层明显加厚，胎釉结合紧密，而且光泽度也较好，品相朴素淡雅。魏晋南北朝时期，青瓷烧制技术进一步提高，胎体细腻，釉层更厚而且均匀，胎釉结合也更牢固，呈淡青色，色泽更好。隋唐制瓷工艺有许多新创造和新发展，唐代有越州、婺（wù）州、鼎州、寿州、洪州和岳州六大名窑之说，为宋代瓷器繁荣奠定了基础。

图 8-2　东汉青瓷壶

白瓷的发明稍晚于青瓷，是在青瓷基础上改进而来。由于青瓷原料中含有一定比例的铁成分，在烧制过程中出现了深浅不同的色彩，经过不断的实验，成功控制了胎釉中的含铁量，排除了杂色的干扰，发明了白瓷。邢窑是白瓷的发祥地，在太行山东麓，由于这里的瓷土氧化铝含量较高，烧制白瓷更为便捷。

隋代，白瓷已经完全独立出来，成为瓷器的一个新品种。到了唐代，邢窑的白瓷走向成熟，形成了"南青北白"分野。陆羽在《茶经》中说"邢瓷类雪"，皮日休也写

图 8-3 唐代白釉把杯

诗赞誉："邢客与越人，皆能造兹器。圆似月魂堕，轻如云魄起。枣花势旋眼，苹沫香沾齿。松下时一看，支公亦如此。"

白瓷的出现是制瓷的一次飞跃，打破了青瓷一统天下的格局，形成了"南青北白"的局面，为各种彩瓷的发明打下了基础，具有里程碑的意义。《中国陶瓷史》中说："白瓷的出现，是我国陶瓷史上的一件大事。它是后来各种彩绘瓷的基础，没有白瓷就没有青花、釉里红、五彩、斗彩、粉彩等各种美丽的彩瓷。"

唐代是一个"枢纽"，奠定了此后制瓷的两个走向。其中一个走向就是青瓷和白瓷的制瓷技术的精致化。以宋代为例，宋窑有定窑、钧窑、越窑、耀州窑、龙泉窑、磁州窑、景德镇窑和建窑八大窑系之说，又有汝窑、官窑、定窑、钧窑和哥窑五大名窑之说。不管哪种说法，青瓷和白瓷是两个基本的方向，技术和工艺继续创新，品质也不断升华。

汝窑，在汝州境内（今河南临汝），由此得名。汝窑以名贵的玛瑙入釉，烧成了具有"青如天，面如玉，蝉翼纹，晨星稀"典型特色的汝瓷，因有宋徽宗"雨过天青云破处，这般颜色做将来"的评价，所以有"汝窑为魁"之誉。汝瓷的发明，表明对铁的使用已经达到相当熟练的阶段，也是青瓷制造划时代的成果。

图 8-4 北宋汝窑水仙盆

定窑，以白瓷著名，在定州境内（今河北曲阳涧磁村一带），由此得名。元朝刘祁在《归潜志》中说："定州花瓷瓯，颜色天下白。"定窑白瓷，釉色晶莹，色白如玉，莹润柔和，显示出象牙一般的质感，端庄而大气。

二 中国瓷器色彩何以绚烂？

唐代瓷器的另一个走向就是推动色彩的多样化。除了青瓷和白瓷之外，唐代主要瓷器品种还有花瓷、黄瓷、黑瓷、彩绘瓷、三彩釉陶，甚至烧出了青花瓷，使得中国瓷器开始变得绚丽多彩，而率先带来视角冲击的是宋代的钧瓷。

钧瓷，因产于在钧州境内（今河南禹州市）而得名。民间有很多的说法，如"钧瓷无对，窑变无双""入窑一色，出窑万彩""纵有家产万贯，不如钧瓷一件"等，无不说明钧瓷的独特和珍贵。钧瓷的独特之处在于它的色彩，这种色彩是铜红乳浊釉窑变的结果。由于釉料中含有铜、钛、锡、磷等元素，在烧制过程中就形成了绚丽多姿、变化万端的窑变釉。

这种窑变釉有以蓝为主和以红为主两类品种，具体而言，蓝色为主的有，月白、天青、天蓝、葱翠青、梅子青等，蓝色较淡的称天青，较深的称为天蓝，比天青更淡的称为月白，都具有荧光一般幽雅的蓝色光泽。而以红为主的有，海棠红、胭脂红、火焰红、鸡血红、朱砂红、丁香紫、茄色紫、葡萄紫、玫瑰紫等。

钧瓷的美感，是通过神奇的窑变工艺而获得的，它不同于人工雕琢的艺术，具有特殊的自然

图8-5 钧窑玫瑰紫釉仰钟式花盆

之美，使人感到瑰丽、丰富和奇妙，给人以诗一般的陶醉和醇美的艺术享受。《中国陶瓷史》是这样评价钧瓷的："宋代钧瓷创用铜的氧化物作为着色剂，在还原气氛下烧制成功的铜红釉，为我国陶瓷工艺、陶瓷美学，开辟了一个新的境界……这是一个了不起的伟大成就。"

与钧瓷呈现的绚丽之美不同，青花瓷呈现的是纯净优雅之美。唐代的巩义窑是青花瓷的发源地。1998 年在印尼海域打捞出了一艘 9 世纪的阿拉伯商船，名叫"黑石号"，船上满载唐朝的瓷器和其他物品，其中就有 4 件青花瓷。这一次水下文物的发现，一方面证明了唐代除了陆上丝路之外，海上丝路也很活跃，另一方面，也反映了 9—11 世纪阿拉伯的瓷器繁荣是与唐朝文化交流之间存在一定的关系。①

青花瓷的成熟和杰出创造是在元、明两朝，青花瓷许多珍贵的作品都产生在这个时期，不仅如此，青花瓷也是当时瓷器出口的主打产品，占到出口总额的 80% 以上。由于宋室南迁，北方许多制瓷技术精湛的工匠也渡江在景德镇集汇，景德镇制瓷业迅速崛起，而景德镇成为中国瓷器的中心，与独特的青花瓷有很大关系。

青花瓷烧制成功的关键是氧化钴。氧化钴是一种呈色剂，把它施在白色的胎体上，再施透明釉，经过 1 300 度以上的高温，便能烧成青花瓷，因为氧化钴遇到高温，就变成蓝色。这样乳白色的底子，上面是清澈的蓝色图案，外面是透明的釉，从而形成了光鲜亮洁、清雅透明的效果。

元代青花瓷极其珍贵。现在全世界完整的元青花加在一起有 200 余件，而其中约 80 件收藏在土耳其的托普卡帕博物馆。之所以如此珍贵，是因为所用钴料质量上乘。这些钴料是从海上丝路进来的，原产地是波斯或今天的叙利亚一带。明代永乐、宣德的官窑所用的也是这种钴料。所以，元青花和永乐、宣德年间的青花也是青花瓷中的至上之品。

2005 年 7 月 12 日在伦敦佳士得拍卖行拍卖了一件元青花，以 1 568.8 万英镑（根据伦敦当天的汇率折算，合 2.67 亿人民币）的价格成交，创下了当时亚洲艺术品拍卖的最高纪录，同时也刷新了中国瓷器及中国工艺品拍卖的世界纪录。这个瓷罐也成为佳士得拍卖行当年拍卖成交价最高的一件艺术

---

① 石云涛：《中国陶瓷源流及域外传播》，商务印书馆，2015 年版，第 55 页。

品。这件题为"鬼谷下山"的14世纪青花瓷罐，高27.5厘米，直径33厘米，被行家誉为"绝顶稀有"。

南京博物院有一件名为"萧何月下追韩信"的青花梅瓶，是该院的镇馆之宝。这件青花是元代的景德镇官窑的作品，做工精美、图案清晰、毫无瑕疵，出自明朝开国名将沐英墓，是朱元璋给墓主人的赠品，被誉为"中国瓷器三绝之一"。

图8-6 元青花
鬼谷子下山图罐

瓶高44.1厘米，口径5.5厘米，腹径28.4厘米，底径13厘米。瓶身上绘有多种繁杂的纹饰，瓶腹则是"萧何月下追韩信"绘画，一侧是萧何骑着骏马向前狂奔，神情焦虑，另一侧则是韩信站在河边，准备上船，又踌躇不定。这件青花瓷，白胎晶莹透亮，花纹虽多，但繁而不杂，纯净的白色和优雅的淡青相配，极为雅致。

青花何以在中国瓷坛独占鳌头？因为它与中国人追求平淡天真、自然从容的文化和美学精神相契合。有学者认为，最高的美是一种平淡天然的美，任何过于造作、文饰的艺术，都与这种精神相违背，而青花以白色和蓝色所构成的简洁清雅世界，表现的正是这种宁静清洁之美，这种美感可以平息人心的浮躁，将人的心灵从喧嚣的世界中拉回来。此外，青花是一种单色彩绘，色彩上看起来很简洁，没有过分的装饰，没有刻意的夸张，所以优雅而平静。再者，青花瓷追求透明的感觉，元明时期的官窑青花瓷，白色的胎质非常薄，在透明的白色中，着以蓝色的花纹，给人带来一种高风绝尘的视角感受。①

----

① 叶朗、朱良志：《中国文化读本》，外语教学与研究出版社，2008年版，
  第222-223页。

青花瓷的发明，也是中国陶瓷史上具有划时代意义的事件。元代之前，在制瓷工艺装饰手法上是以刻花、印花和划花为主，而青花瓷改变了这些手法，以笔绘、彩绘为主，并成为此后的主流工艺。加之着色力强，发色鲜艳，呈色稳定，而且作为釉下彩，青花纹饰永不蜕变，使得青花瓷成为主流瓷，盛行不衰长达六百年之久。

还有一种釉下彩，因所用呈色剂与青花不同，而产生了一种与青花完全不同的艺术效果，这就是釉里红。釉里红也是元代景德镇创造的一个瓷器品种，在明代初年得到了进一步的发展。制作工艺与青花大体相同，以氧化铜为着色剂，在胎体上绘制图案后，再罩上透明釉，在高温还原气氛中烧制而成。釉里红烧制难度大，由于铜离子对温度极为敏感，火候不到，呈现黑红色或灰红色，火候稍过，铜离子便会挥发，从釉层中溢出，呈现出飞红现象或者褪色，纹饰不连贯，只有有经验的把桩师傅不断取火对比，才能把握住火候，因而无法大规模生产，没有青花那样流行。

图 8-7　明洪武釉里红岁寒三友纹梅瓶

尽管如此，釉里红所产生的艺术效果却是非常独特的。白色的胎质上着以红色的图案，呈色稳定敦厚，既鲜亮又内敛，既温润又不张扬，表达的是一种沉稳大气的内涵，与儒家文化中的含蓄蕴藉、温柔敦厚精神相契合。南京博物院的另一件镇馆之宝是明洪武釉里红岁寒三友纹梅瓶，为明成祖朱棣的女儿和女婿墓中的陪葬品。这件釉里红，胎质纯正，造型优美，纹饰精致，釉质滋润，红中泛黑，深沉

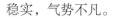

稳实，气势不凡。

上海博物馆有一件明宣德景德镇的釉里红三鱼纹高足杯，口径9.9厘米，底径4.5厘米，高8.8厘米，白地红花，胎质细腻，釉色晶莹，鲜艳而深沉。明代高濂在《燕闲清赏笺》中说："宣德年造红鱼靶杯，以西红宝石为末，画鱼形，自骨内烧出凸起，宝光鲜红夺目。"

三 中国瓷器造型何以美观？

中国瓷器的魅力还来自它的造型。瓷器是一种表现特别丰富而且非常有表现力的造型艺术。一团白泥，在能工巧匠的手中能够塑造出各种各样的形状，绘制出多姿多彩的图案，从而产生出千变万化的造型艺术。中国瓷器的造型有两种，一种叫有形之型，即人工造型，还有一种叫无形之型，是自然之型。

官窑是宋代五大名窑之一，"官窑，唯官家用之"，实际上就是为皇家生产瓷器的窑厂，具体指北宋都城汴梁（今河南开封）的官窑和南宋都城临安（今浙江杭州）的官窑。上海博物馆收藏有4片北宋官窑的残片，这些残片像是摔了的玻璃表面，又像是开裂的冰面，这是烧制的残品，还是人为的损坏？

其实，这既不是烧制的残品，也不是人为的损坏，而是官窑烧制出的一种特殊的造型。官窑瓷器在莹润如脂的粉青、月白色釉面上，有大片的裂纹自然伸展，就如同雪地上的柳枝梅影一般婆娑潇洒，形成了一种独特的艺术效果。这种釉面开裂的现象，叫冰裂纹，瓷学术语叫"开片"，并非人力而为，而是一种自然现象，是由瓷器内部应力作用所致。由于釉面和胎坯的膨胀和收缩系数不同，在烧制冷却过程中，釉层的收缩率比坯料要大，从而造成内部应力的不平衡，产生釉层断裂和位移现象，出现了裂痕。

一种烧制过程中有缺陷产品，为什么会被人们喜爱呢？据说它首先被作为艺术家的宋徽宗所推崇，而后就成了一种时尚，而这种时尚延绵近千年，乾隆皇帝也专门写诗赞誉它："修内遗来六百年，喜他脆器尚完全。况非髫垦不入市，却足清真可设筵。讵（jù）必古时无碗制，由来君道重盂圆。细纹如拟冰之裂，在玉壶中可并肩。"

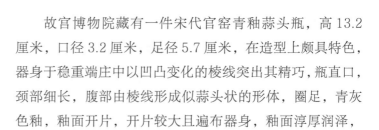

故宫博物院藏有一件宋代官窑青釉蒜头瓶，高 13.2 厘米，口径 3.2 厘米，足径 5.7 厘米，在造型上颇具特色，器身于稳重端庄中以凹凸变化的棱线突出其精巧，瓶直口，颈部细长，腹部由棱线形成似蒜头状的形体，圈足，青灰色釉，釉面开片，开片较大且遍布器身，釉面淳厚润泽，闪现一种酥油般光泽，具有独特的艺术魅力。

台北"故宫博物院"有一件南宋官窑青瓷葵口盘，高 4.5 厘米，口径 19 厘米，足径 6.5 厘米，造型也很特别，六瓣葵口折腰盘，浅壁，浅圈足，盘心微凹，圈足轻巧。采用垫烧法烧制，内外施青釉，釉色偏绿，表面开棕色纹片，间杂少许细碎冰裂纹，纹理细密，脉络清晰，非常耐看。

宋代五大名窑之一的哥窑，也是以开片著称。明代陆深在《春风堂随笔》一书中说："哥窑，浅白断纹，号百圾碎。宋时有章生一生二兄弟，皆处州人，主龙泉之琉田窑，生二所陶青器，纯粹如美玉，为世所贵，即官窑之类；生一所陶者色淡，故名哥窑。"故宫博物院收藏宋代哥窑瓷器 60 件左右，其中一件是哥窑灰青釉胆式瓶，高 14.2 厘米，口径 2.2 厘米，足径 5.4 厘米，瓶小口，长颈，溜肩，圆腹微垂，圈足，通体施灰青色釉，釉面滋润，布满黑色大开片纹，黄色小开片纹，圈足内满釉，足端无釉，呈黑褐色。此瓶造型端庄典雅，釉面油润，泛酥油光，是哥窑瓷器中的代表作品。

图 8-8　宋代哥窑灰青釉胆式瓶

有学者认为，中国瓷器追求纹理，其中隐藏着深厚的哲学内蕴和美学旨趣。中国文化有重视纹理的习俗。三千多年前中国流行一种占卜方式：龟占，就是通过火烧龟壳所形成的纹理来判断吉凶。中国美学中还有一条重要原理：风行水上，自然成文。如一阵风吹在湖面上，水面形成涟漪纹理，自然而然。中国人将这视为自然天成之美。人工画出的裂纹，显出匠气，也就没有自然的美。瓷器上面好的裂纹是自然形成的，它是不可预料的，显现出自然天成的趣味。①

　　自然天成之美是偶发，是可遇而不可求的，更多的美则是人造之美。中国瓷器的人工造型之美不可胜数，仅从两个侧面来窥探，一是瓷器上的雕塑，二是瓷器上的绘画。

　　白瓷之美不但在纯洁大方，经过浮雕装饰的白瓷也很美。浮雕与柔和温润的象牙白釉色配在一起，相得益彰。定窑刻花浮雕装饰，以偏刀深挖，有时刻划并用，纹饰浮于胎面，立体感很强。无锡市博物馆藏有一件北宋定窑白釉刻莲花纹大碗，腹部刻画缠枝莲花纹，内里满刻折枝莲花纹，精细秀美，高洁典雅，把印花工艺发挥得淋漓尽致。

　　著名的北宋定窑孩儿枕，藏于故宫博物院，釉色牙黄，工艺精巧，可谓惟妙惟肖。先用模具烧制成型，再施以精细的雕工，活泼可爱的孩童侧卧于榻上，双臂紧抱置于头下，两脚叠压稍稍抬起，孩儿神态栩栩如生，是瓷器雕塑的经典之作。

图 8-9　北宋定窑孩儿枕

　　瓷器上的绘画表现手法更为丰富。斗彩是明代宣德年间发明的，需要经过两次彩画和烧制的过程。首先在白色的胎体上画好图案，上釉后高温烧成的彩瓷叫釉下彩，然后在烧后的瓷器上再进行彩绘，经过二次烘烧，这样的彩

---

① 叶朗，朱良志：《中国文化读本》，外语教学与研究出版社，2008年版，第220页。

图8-10 明成化斗彩鸡缸杯

瓷，叫釉上彩。斗彩使得釉下彩和釉上彩相映相争，盎然成趣，很有艺术表现力。

知名的斗彩鸡缸杯，相传是明代成化皇帝的酒杯，敞口微张，口下渐收，平底卧足，开口直径8厘米。外壁绘画是两个鸡群，一群是一只公鸡昂首傲视，一只母鸡与一只小鸡在啄食一条蜈蚣，另有两只小鸡玩逐；另一群是一只公鸡引颈啼鸣，一只母鸡与三小鸡啄食一条蜈蚣。中间是湖石、月季与幽兰，画面形象生动，一派初春景象。这只鸡缸杯，造型新颖、清新可人，呈现出端庄婉丽、清雅隽秀的风韵，一直受到藏家的追捧。2014年在香港苏富比春季拍卖会上，以2.81亿港元成交。

粉彩瓷器创制于清代，使用含砷的氧化物，产生乳浊的效果，使色泽粉化。制作过程复杂细致，要经过打图、升图、做图、拍图、画线、彩料、填色、洗染等工序。画法既有严整工细刻画微妙的工笔画，又有淋漓挥洒、简洁洗练的写意画，还有夸张变形的装饰画风。故宫博物院藏有2件雍正时期的作品，一件粉彩蟠桃纹天球瓶，一件粉彩三果纹碗，画面鲜娇，粉润如玉，逸丽清秀，精美绝伦。

图8-11 清雍正粉彩蟠桃纹天球瓶

300年前，欧洲大陆刮起了中国风，表明了西方对遥远的东方大国农耕文明的一种态度。1700年，为了庆祝新世纪的来临，"太阳王"路易十四身穿中式服装，坐着八抬大轿出现在凡尔赛宫的舞会上。中国文化传播的形态和路径有许多种，而瓷器在其中无疑扮演着重要的角色。荷兰首先设立台夫特窑厂，以软瓷为主。德国则研究出了硬瓷的制作方法，设立皇家瓷窑，向欧洲销售中国风格的瓷器。法国也不甘落后，设立了"塞夫尔"皇家制瓷中心。当我们回首审视瓷器，这已持续了数千年的文化成果的时候，有几分自豪，也有几分沉思。

第九讲

玉　　器

与青铜器、瓷器一样，玉器也是中国文明史、文化史和艺术史的重要组成部分，并且玉器的历史更为久远，对文化的影响也更为持久。数千年来，不管是沧海桑田，还是王朝更替，玉器一直能被不同时期、不同地区、不同民族和不同文化的人们所认同和钟爱，不断推陈出新，绵延不绝，显示出旺盛的生命力和独特的魅力，这是中国文化史上一个非常奇特的现象，也是世界文化史上所罕见的。

一　何为玉器时代？

世界文明史，有所谓石器时代和青铜时代的说法，而没有玉器时代这一说。玉器时代是中国历史学者为了能够更好地描绘中华文明的独特之处所用的一种特有的历史学概念。何为玉？从矿物学上看，它是具有显微纤维结构的透闪石、阳起石系列的矿物集合体。但古人不会从这个层面去定义，而是用"石之美者"来定义它。

美丽的石头种类很多，凡是具有质地坚韧细腻、色泽光润美丽的矿物质都属于"玉"的范畴，包括和田玉（软玉）、翡翠（硬玉）、岫岩玉（蛇纹玉）、绿松石、孔雀石、青金石、玛瑙、水晶等。[1] 这显然是将宝石和玉石混为一体，但在实践中，古人对玉石和宝石还是有所分别的，这种分别来自经验判断，而今人则通过化学分析来认定，所谓宝石一般是指透明的单一化合物的单晶体，而玉石主要是指大多不透明的单一化合物的多晶体。而玉器则是指通过琢磨的方法将玉材制作成各种所需的器物。古语中有"玉不琢不成器"的说法，所以玉器的关键就是一个琢字。琢是以砂为介质的一种间接摩擦，这种间接的摩擦是通过一种特殊的工具砣来完成的。在砣发明之前，古人通过打制和压制的方法，也就是通过对玉料的破割如线切割、锯切割、管钻等方法来制作物件，但这些物件是玉制品，不是真正意义上的玉器。

玉的发现是石器时代古代先民认知的一次飞跃。在漫长的石器时代，玉逐步进入先民的视野，并按照自己的需求，把玉石从一般的石料中分别出来，在此基础上，随着新石器的到来，玉器的制作成为可能。因此，玉器的产生需要三个条件：一是对玉的特性（如硬度、韧性、色彩等）的把握和琢玉技术（打制、磨制、钻孔等）的提高；二是原始宗教和审美意识的产生；三是便于获取的玉石资源。[2]

目前考古界公认最早的玉器分别出自内蒙古敖汉旗的兴隆洼

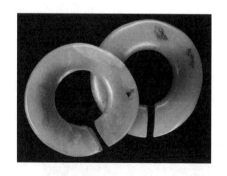

图 9-1　兴隆洼遗址的环状玉玦

––––––––––––

[1] 陆建芳主编：《中国玉器通史》（新石器时代北方卷），方向明、周晓晶著，海天出版社，2014 年版，第 1 页。

[2] 赵朝洪：《中国玉器的起源及相关问题》，2008 年 6 月北京"东亚考古学会"论文，又见刘国祥、于明主编：《名家论玉（二）：2009 年珠海"中国玉文化名家论坛"文集》，科学出版社，2009 年，第 106–115 页。

遗址和辽宁阜新的查海遗址。兴隆洼遗址出土了一对黄绿色的玉玦，在墓主人的耳部位置发现，质地晶莹温润，工艺精细巧妙。查海遗址出土了 20 多件玉器，不但有玉玦（jué），还有玉斧、玉匕、玉管等。这两个遗址的玉器经矿物学家和考古学家的鉴定，都是真玉，是透闪石和阳起石矿物的集合体，距今 8 000 年左右。

我国新石器时期的遗址众多，在不少遗址中都发现了玉器，史前玉文化板块认为有东夷、淮夷、古越三大玉板块和海岱玉文化东夷亚板块、陶寺玉文化华夏亚板块、石峁（mǎo）玉文化鬼国亚板块、齐家玉文化氐羌亚板块、石家河玉文化荆蛮亚板块五个亚板块。[①] 随着出土的玉器越来越多，历史学家们对玉器的研究兴趣也越来越强烈，特别是北方红山文化遗址和南方良渚文化遗址的发掘，出土了许多造型独特的玉器，引起了学术界的关注，为把玉器研究从石器研究中分离出来，成为一个独立的研究对象奠定了基础。

红山文化涉及范围包括辽宁西部、内蒙古东部、河北北部地区，距今的时间在 5 000—6 000 年，出土了很多

图 9-2　红山文化的 C 字龙

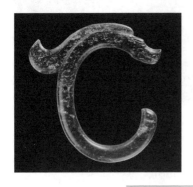

精美的玉器，有 C 字龙、玉猪龙、玉镯、玉环，以及鸟、鱼、龟等动物形状的玉器，最为引人注目的是在内蒙古翁牛特旗三星他拉遗址出土的玉龙，也叫 C 字龙，由墨绿色的岫玉琢磨而成，造型奇特，简练精致。龙体的横断面为圆形，呈现出一道优美的曲线，龙首前伸，在长鬣衬托下，昂然向上，有飞动之势。良渚文化遗址位于浙江

① 杨伯达：《中国史前玉文化板块论》，《故宫博物院院刊》，2005 年第 4 期。

的余杭，处于新石器时代的末期，距今 5 300~4 300 年，出土了 7 000 多件精美的玉器，数量众多，种类齐全，既有玉钺、玉璧、玉琮，也有玉玦、玉璜、玉管，还有玉龟、玉鱼、鱼鸟等。

面对丰富的出土玉器，历史学家们提出了三个问题，一是为什么玉器的形状与石器大多不同？石器几乎都是用于生产的工具和作战的武器，而玉器尽管也有这些种类，但是更多的种类却是玉器所独有的。二是这些独特的玉器种类的背后究竟含有什么样的宗教和文化内涵？三是这些不同地区的玉器之间是否存在文化上的联系？所以，为了深入研究石器时代，历史学家们就提出了玉器时代的概念，认为通过聚焦对玉器的研究，可以更好地探索我国石器时代的特点。

学者们把出土的玉器进行分类，大致可以分为三类：第一类是礼仪祭祀的玉器，如玉璧、玉琮、玉钺等；第二类是生产用具的玉器，如玉斧、玉刀、玉铲、玉锛、玉匕等；第三类是佩戴装饰玉器，如玉玦、玉璜、玉环、玉镯、玉管等。从功能上看，这些都已成为礼仪祭祀的用品，尽管那些工具类的，看起来与石器外形相同，但实际上已经不再作为生产工具使用，而是整个宗教仪式的一个部分。

有学者认为，玉器时代的玉器就是神器，是巫师通过它来"事神以致福"的。[①] 先民们认为，只要把材质最好的东西，做成神所需要的样式献给神灵，就能与神进行沟通交流，并得到神灵保佑。良渚文化遗址反山第 12 号墓中出土了一件玉琮，重 6.5 公斤，是目前已知的玉琮中最重的一个，有"琮王"之称。玉琮是外方内圆、中部有一个圆孔的方柱体，为什么要把它做成外方内圆的形状呢？这与先民们天圆地方的认知有关。如何才能通天地、通神灵呢？他们认为把美玉磨制成玉琮就可以了，也就是说，美玉是人与神连接的纽带，从而成为神人合一的中介物。

不仅如此，学者还发现，良渚玉琮出土的位置大多是在死者的腰腹部，而且都镂刻着神人的图案或神人与兽面复合的纹饰。"琮王"的每一节都刻有神人兽面像，神人头、面、四肢俱全，与双目圆睁、露出獠牙的兽面复合

---

① 吴汝祚、牟永抗：《玉器时代说》，《中华文化论坛》，1994 年第 3 期。

在一起，很精致也很形象。良渚遗址还出土了一只人面纹单节琮，高4.5厘米，宽7.2厘米，厚7.2厘米，孔径5.9厘米，表面图案清晰。这种图案显然不是随意而为，而是出于奇思妙想，因为主持祭祀的巫觋（xí）认为，这些纹饰与玉琮的造型一样，都必须符合神的要求，才能与神沟通。

这样巫觋就成了神的代言人，成为神的化身。由于巫觋的这种能力，他们在氏族或部落中的地位就彰显出来，从而成为不同地区、不同人群的领袖和统治者。在红山和良渚遗址中，不但发现了在不同的墓中，有玉器陪葬和没有玉器陪葬的区别，而且还发现了陪葬玉器多与少的区别。这表明，作为地位和财富象征的玉器，实际上是由少数人垄断，为少数人占有的，而且从玉器的多少来看，在这些占有者之间是有所区别的，占有者之间存在着等级关系。

在良渚遗址反山12号墓中，与玉琮同时出土的还有一件被称为"钺王"的玉钺，令人关注的是，这件"钺王"上也刻有与"琮王"同样的图案。钺是权力的象征，在同一个墓中，既发现了玉琮，又发现了玉钺，可见这个墓主人是一个集神权与军权于一身的人。

玉器时代的研究意义是，不仅有助于对石器时代社会阶层划分的研究，同时也为研究不同地区的文化联系和交流提供了可能。尽管不同地区的玉器在风格上有所区别，但是从玉璧、玉琮、玉玦、玉璜、玉镯这些重要的礼器来看，不同地区的形态又有很多相似之处。三大玉板块和五个亚板块之间相互碰撞、渗透、融合，最终熔铸成统一的中华玉文化。[①]《山海经》中有多处玉的描写，但是这本书一直被当作远古神话而不敢采信，随着大量玉器的出土，有学者通过各地出土玉器的比较研究，勾勒出了玉文化的传播路径。主要有三条。

一是北玉南传，从沿着辽东半岛、渤海湾、河北、山东、浙江、江苏再南下，南到广东、越南，东到朝鲜半岛、日本和台湾岛，时间从7 000年到4 000年。二是东玉西传，沿着黄河和长江，从下游往中游、上游传播，从长江下游的良渚文化，到长江上游的三星堆文化，中间有2 000年左右的时

---

① 杨伯达：《中国史前玉文化板块论》，《故宫博物院院刊》，2005年第4期。

间；中原的玉文化就是在第二个浪潮中形成的，向西一直
到河西走廊。三是西玉东传，这是中原文明形成之后，新
疆地区的和田玉对内地的输送，这不是严格意义上的文化
输送，而是优质玉材的输送。[①]

二 玉器何以持久？

　　玉器时代结束于青铜时代，但是玉器时代所孕育的文
化价值观念却延绵不断，并随着中原文化的崛起而发扬光
大。夏代是石器时代向青铜时代过渡的时代，河南偃师二
里头遗址出土了不少夏代的玉器。从玉器的种类和形状来
看，体现了玉器文化的传承性。夏代礼器以兵器礼器为主，
有玉戈、玉刀、玉戚、玉钺等，也有祭祀用的玉璧、玉琮、
玉圭、玉璋等，还有一些佩戴装饰的玉镯、
玉坠和一些尚不知功能的柄形器。

图 9-3　二里头
遗址出土的玉龙

　　最能反映玉文化观念传承的是被部分
学者誉为"华夏第一龙"的龙形器。它由
2 300 多片不同形状的绿松石片组成，长约
64.5 厘米，中部最宽处约 4 厘米，轮廓分明，
造型逼真，巨头蜷尾，龙身曲伏有致，头部
以两块白色玉珠做眼珠，以柱形白玉和绿松
石做鼻梁，玉柱和鼻端根部由绿松石片拼合
出平行凸旋纹和浅槽装饰，两侧弧切出对称
的梭形眼轮廓。这条龙在地下沉睡了 3 700
多年，与红山文化的 C 字龙相距虽有 2 000
多年，但龙文化的观念却传承了下来，并有
了崭新的姿态。

---

① 叶舒宪、吴玉萍：《"玉成中国论"养成记》，《四川戏剧》，
2021 年第 10 期。

图 9-4 夏代玉器嵌绿松石铜牌饰

夏代玉器有不少创新，如嵌绿松石铜牌饰，其中一件直径 17 厘米，厚 0.5 厘米，四周镶嵌 61 块绿松石，中间是绿松石嵌出的两圈十字形的图案，每圈都是 13 块，非常精美，也极为罕见，应是最早的铜嵌玉精品。

商代青铜器空前发展，青铜礼器兴盛起来，玉器是不是要退出历史舞台呢？从出土的商代文物来看，玉器不但没有退出历史舞台，相反青铜器为玉器制作提供了新工具和新技术，扩大了玉器的表现领域，玉器制作的规模和技术都达到了前所未有的水平。[①]

商代玉器种类繁多，有学者对此做了详细的分类。一是神器类，商人崇拜祖先神、大自然的各方神灵以及动物神，祖先神的如圆雕人像、侧雕人像、神人面像、羽人神像等，动物神的如玉龙、玉凤、玉怪神兽、玉蝉、玉虎、玉牛、玉象、玉鹿、玉鹰、玉熊、玉鱼等。二是礼器类，如玉璧、玉琮、玉圭、玉璜、玉璋、玉簋、玉盘、柄形器等。三是仪仗器（兵器）类，如玉戈、玉刀、玉钺、玉戚、玉矛、玉斧等。四是工具类，如玉梳、玉斧、玉铲、玉镰、玉凿、玉锯、玉纺轮、玉刻刀、玉调色盘、玉臼杵、玉马具等。五是装饰品类，如玉笄（jī）、玉冠饰、玉牌饰等。[②]

商代玉器以河南安阳殷墟出土的为代表，其中妇好墓出土玉器最多。妇好是商王武丁的妻子，据甲骨文卜辞中的记载，她曾多次率兵征伐，还主持过一些重要的祭祀活

---

① 赵朝洪：《先秦玉器和玉文化》，《统一论坛》，2000 年第 4 期。
② 汪久文：《中国玉器时代与玉文化》，科学出版社，2016 年版，第 232 页。

动，是当时一位非常重要的政治人
物。妇好墓出土文物 1 928 件，其
中青铜器 468 件，玉器 755 件。
玉器种类涵盖以上五种分类，制作
十分精良。其中有一件玉凤，长
13.6 厘米，厚 0.7 厘米，黄褐色，
半透明，高冠长尾，胸部外凸，圆
眼短翅，尾翎分开，凤体修长而飘
逸，作侧身回首状，秀美而灵动。
工艺也非常精湛，翅上雕有数条阳
线浅浮，线条舒展，腰部有一凸起
的圆钮，钻有小孔，以供佩戴。

商人有崇拜神鸟的传统。《诗
经》中有一篇名叫《玄鸟》的华美
诗章，讲述了商人的起源和殷商的
历史。"天命玄鸟，降而生商，
宅殷土芒芒。古帝命武汤，正域彼
四方。方命厥后，奄有九有。商之
先后，受命不殆，在武丁孙子。"
这是一首颂诗，不乏对商的溢美之
词，但交代了一些珍贵的历史线
索，如商人的源头可以追溯一只玄
鸟，表明玄鸟很可能是该部族的
图腾。

与商代差不多同时期的四川
广汉三星堆遗址也非常引人瞩目。
三星堆遗址也出土了很多精美的
青铜器与玉器，令人惊异的是，青
铜器的造型与中原地区迥异，而玉

图 9-5　商代妇
好墓出土的玉凤

图 9-6　三星堆
出土的玉璋

器的造型和风格却与中原地区非常接近。从种类上看，有礼器、工具和装饰三类，礼器包括用于祭祀的瑞玉和象征权力的玉兵礼器，而瑞玉主要有玉璧、玉琮、玉璋等。三星堆出土的不少玉璋，都是片状，身与柄交界处有出阑和脊齿。

玉璋是礼器重要的一种。后来的《周礼》对六种重要礼器（也叫"六瑞"[①]）的功能做了详细的阐释："以玉作六器，以礼天地四方：以苍璧礼天，以黄琮礼地，以青圭礼东方，以赤璋礼南方，以白琥礼西方，以玄璜礼北方。"三星堆一号祭祀坑出土的一件玉璋，长25厘米，宽7.11厘米，0.64厘米，栗黄色，射前端薄而宽，后端厚而窄，两面扁平，射端刃口呈凹弧形，形制美观，工艺也很讲究。看到这件玉璋，有似曾相识之感，它与二里头遗址出土的涂朱玉璋十分相像。

从第一块玉器的发现到商代玉器的繁盛，玉器的主要功能一直被定义为礼器，而礼器的主要作用是事神，因此这个时期的玉礼器的本质是神器。这个历史持续有5 000多年。这种情况在周代被改变了。玉器的事神功能逐步弱化，而全新的意识形态功能被赋予并不断强化。周朝统治者汲取商朝灭亡的教训，认为"天命靡常，惟德是辅""周虽旧邦，其命维新"，为缓和社会矛盾，提出"敬天保民"，实行礼乐治国，礼乐治国的核心就是以德治国，以德治国首先是贵族要带头自珍自律，加强修养，纯净心灵，做一个品德高雅的君子，而玉器具有高雅君子的所有品性，这样玉器又成了以德治国的一个重要载体。

孔子总结了玉器在治国中的新价值和新功能，系统地阐释了"君子比德于玉"的思想。《礼记·聘义》中完整地记载了孔子的话："夫昔者君子比德于玉焉。温润而泽，仁也；缜密以栗，知也；廉而不刿（guì），义也；垂之如队，礼也；叩之其声清越以长，其终诎（qū）然，乐也；瑕不掩瑜、瑜不掩瑕，忠也；孚尹旁达，信也；气如白虹，天也；精神见于山川，地也；圭璋特达，德也；天地莫不贵者，道也。《诗》云：言念君子，温其如玉。故君子贵之也。玉燥不轻，温而重，是以君子宝之。"孔子概括了玉器的

---

① 夏鼐：《商代玉器的分类、定名和用途》，《考古》，1983年第5期。

十二个特性：仁、知、义、礼、乐、忠、信、天、地、德、道、温，实际上是提出了做人的十二个标准，认为君子应以玉作则。

周代玉器制作的基础条件更好，一方面全盘接收了商代玉器制作技术，另一方面，周穆王时期，打通了与西部昆仑山交流的通道，优质玉料和田玉的供应有了保证。在德治思想加持之下，周代玉器也出现了繁荣的局面，并为后世玉器和玉文化的持续发展提供了重要的思想理论依据。因此，周代玉器出现了一些重要的变化。一是田玉石的大量出现；二是虽然重要的礼器如玉璧、玉琮、玉圭、玉璋等仍在继续制作，但工具、武器类的礼器已经少见；三是装饰性玉器日渐增多，特别是随身佩戴的玉饰非常盛行。这些考古发现，与《礼记·玉藻》中记载的"古之君子必佩玉，右徵（zhǐ）角，左宫羽……行则鸣佩玉"是相吻合的。

陕西扶风周原遗址出土了一件西周龙纹玉璧，直径8.8厘米、孔径4.8厘米、厚0.3—0.4厘米，原来属于青玉，虽为黄褐色沁所覆盖，但难掩当初的品相。玉璧原为礼器中排名第一的重器，但这件玉璧显然是一件装饰器，是贵族佩戴的饰物。呈圆形扁平形状，中孔较大，两面是相同的龙形饰纹，龙鼻上卷，龙口张开，龙目睁开，纹样以双勾阴线勾出，线条简洁流畅，另外有一件玉璜，高4.8厘米，宽10.9厘米，纹饰清晰，非常精美，都是西周时期非常难得的玉器精品。

图9-7　陕西扶风出土西周龙纹玉璧

玉器魅力何在？

周王朝是中国历史上最长命的朝代，存活了将近800年，虽然王朝覆灭了，但玉器传承的历史却没有中断。从玉器功能上看，8 000年的玉器历史大致分为三个时期：神玉时期、王玉时期和民玉时期。神玉的历史前后大概有5 000年，德玉的历史将近1 000年，民玉的历史将近2 000年。顾名思义，神玉时代是以玉事神，玉器为巫觋或神权合一的领袖所独占，德玉时代以人比玉，玉器为贵族所享有，而民玉时代以玉为美，玉器为民众所用。

唐代诗人李贺有一首专门写美玉的诗歌叫《老夫采玉歌》："采玉采玉须水碧，琢作步摇徒好色。老夫饥寒龙为愁，蓝溪水气无清白。夜雨冈头食蓁子，杜鹃口血老夫泪。蓝溪之水厌生人，身死千年恨溪水。斜山柏风雨如啸，泉脚挂绳青袅袅。村寒白屋念娇婴，古台石磴悬肠草。"这首诗非常感人，主题是写采玉人的艰辛和血泪，而采出来的玉石仅仅是为了满足人们的"琢作步摇徒好色"。

当然民众对玉器的使用不是从唐代开始，苏轼在《洗玉池铭》中说："秦汉以还，龟玉道熄，六器仅存，五瑞莫辑。"意思是，以龟、玉代表神灵的传统终结了，礼玉走下神坛，成为人们赏玩的东西。这个说法是有根据的，因为苏轼所处的北宋时代，金石学兴起，与他同时代的一个金石学家叫吕大临，写了一本金石学的专著《考古图》。苏轼的观点很可能就是来自专业人士的研究。其实，对美玉的"好色"应该是人与玉最初的一种关系模式，只是因为它太美丽了、太珍贵了，才被人赋予更多的宗教含义和价值观念，用来事神，用来作为做人的楷模，随着社会的嬗变，人与玉的关系模式又重新回到最初的那种状态，以玉为美，欣赏并享用这种美。

那么，玉究竟美在何处？它的魅力究竟何在？玉之美来自内在和外在两个方面。所谓内在之美，是玉石的自然之美，外在之美，是玉石的雕琢之美。而自然之美在于色质。自古以来，赏玉有一条非常重要的审美信条，就是"首德次符"。所谓德，就是玉质，而所谓符，就是玉色。这个信条表明，赏玉的色、质都是非常重要的，两者缺一不可，但究其次序而言，首先要看玉质的优劣，再看玉色的美丑。

玉质可以理解为玉的质量，包含客观和主观两个方面。客观上看，就是玉石的材质，从材料学上分析，玉石属于岩石类，是角闪石族，与花岗岩、石灰岩、砂岩、砾岩相比非常稀有、极为珍贵。主观上看，玉质是玉石的自然形态给人的主观印象，是材料的自然属性作用于人的大脑所形成的感觉和意识。这是一个非常复杂的审美思维活动，我国先民习惯于用德这个概念来解释玉的质。许慎在《说文解字》中，用"五德"来具体阐释"石之美者"："润泽以温，仁之方也；鳃理自外，可以知中，义之方也；其声舒扬，专以远闻，智之方也；不挠而折，勇之方也；锐廉而不忮（zhì），洁（jié）之方也。"

许慎从玉石的质地、纹理、声音、硬度和纯洁度五个方面，定义它有"五德"：仁、义、智、勇、洁，而这五个层面自然属性的具体标准是，质地温润细腻，纹理清晰自然，声音清脆悦耳，硬度坚韧适中，纯洁度清洁无瑕。对照这个标准，人们会情不自禁地想到和田玉。和田玉不仅在我国百余种玉石中，就是在世界范围内所开采出的玉石中，都是优质玉石，堪称玉石中的精品，特别是白玉河所产的羊脂玉更是名扬四海、蜚声寰宇。羊脂玉或温润莹泽如婴儿的肌肤，或光洁细腻如羊脂一样雪白温婉，拿在手中抚摸，有爱不释手之感，这正是玉质的魅力所在。

陕西咸阳渭陵中出土了一件西汉仙人奔马的玉器，由羊脂玉雕琢而成，虽然在地下埋藏了2 000多年之久，但仍然玉质温润，色泽饱满，充分显示了玉料所独具的晶

图9-8 西汉玉仙人奔马

莹润泽的魅力。这件玉器高7厘米，长8.9厘米，宽3厘米，通体洁白如凝脂，马踏祥云，凌空飞驰，马口张开，似作嘶鸣状，背上仙人，左手按住马颈，右手拿着芝草，神态自若，遨游于空中，给人以无限的想象，可能是仙人拿到了灵丹妙药，疾驰而返，与当时流行的祈求长生不老、幻想羽化登仙的思想有一定的联系。

玉色就是玉石的颜色。有一句古老的谚语叫"千种玛瑙万种玉"，形容玉的色彩非常多。《礼记》中提到三色，说夏人尚黑，殷人尚白，而周人尚赤。东汉的王逸在《正部论》中说有四色："或问玉符，曰：赤如鸡冠，黄如蒸粟，白如豚脂，黑如纯漆。"宋代把青碧色加进去，变成了五色，而清代则增加到九色，说玄、碧、青、绿、黄、赤、紫、黑、白都是玉的本色。其实，每块玉料颜色都是不同的，很难找到色彩完全相同的玉块。

在众多的色彩中，中国人尤其喜欢白玉。有学者认为，3 000 年前商周之际形成的白玉崇拜奠定了华夏核心价值的物质原型，随后的玉文化发展以新疆昆仑山和田玉为绝对主脉，"白璧无瑕"遂成为国人心目中完美无缺的价值观表达模式。[①] 陕西扶风周原博物馆有一件西周时期的玉蚕，是和田玉作品，虽在地下埋藏将近3 000 年，但质地洁白，完美无瑕。清代乾隆时期有一件龙纹福寿如意，也是白玉镂雕纹饰，色质如刚凝脂一样洁

图9-9　清代和田玉如意

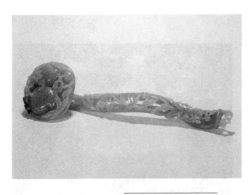

————————————————
① 叶舒宪：《白玉崇拜及其神话历史初探》，《安徽大学学报（哲学社会科学版）》，2015年第2期。

白温润，虽与西周白玉蚕相距2 000多年，玉色却是一脉相承。

玉器的魅力不仅来自自然色质，还来自人工雕琢。一块材质好的玉石经过匠人巧夺天工的雕琢，就能成为一件精美的艺术作品。这种艺术呈现主要来自造型和工艺两个方面。造型一要因玉制宜。在陕西西安何家村出土的唐代兽首玛瑙杯，造型非常独特，应该是根据玛瑙石的天然形状，因材施艺的结果。杯高6.5厘米，长15.6厘米，口径5.9厘米，杯体呈角状兽首形，兽的双角为杯柄，兽口紧闭镶金，两耳向后，两只大眼，炯炯有神，看面部像牛，却有两只弯曲的羚羊角，神态安详，非常自然。二要生动传神。玉器雕刻要表现出生动传神是很不容易的，在出土的玉器中，有一些动物造型，也能有与绘画、雕塑同样的表现能力。明代一件青玉龙首龟，头部是龙，身体是龟，虽是两种动物的合一，但神态活泼平和，就像一个活物。

图9-10 唐代兽首玛瑙杯

根据《天工开物》等文献记载，玉器制作一般要经过选料、画样、锯钻、做坯、纹饰、抛光、刻款等工序，每道工序都包含很多的技艺，而随着时代的发展，工艺水平也在不断地提高。以纹饰为例，宋代在吸取前代线刻、浮雕、圆雕技术的基础上，结合管钻技术，广泛运用镂雕手法，对后代影响至深。[1]北宋年间的双鹤衔草玉饰件，整体呈椭圆形，以镂雕及阴刻表现一对口衔卷草的飞鹤，精

---

[1] 袁胜文：《中国古代玉器》，南开大学出版社，2012年版，第8页。

图 9-11　北宋双
鹤含草玉饰件

雕细刻，栩栩如生，可以代表宋代制玉的最高水平。

历史上的玉器时代虽然早已过去，但是与青铜时代不同，它并没有因为过往而成为一种历史记忆。今天人们仍然喜爱玉器，一个简单的平安扣，一个平常的玉坠，不但包含人们对美的追求，还包含了人们的祈愿和祝福。当认真审视这一文化现象，我们会发现，玉文化基因实际上早在 8 000 年前就已种下，一直绵延不绝。

艺　术

第十讲

书　法

　　书法是汉字书写的艺术，[①] 具体而言，就是文字的构造、间架、行列、点画的法度。[②] 在不同艺术门类中，有两种艺术的普及率非常高。第一种艺术是诗歌，以其真挚的情感、优美的语言、美妙的韵律等，一直深受国人的喜爱。"熟读唐诗三百首，不会作诗也会吟。"无论是专业创作的，还是非专业创作的，都会有吟诗的冲动，往往能冲口而出。尽管有的说出来，别人并不认可，但作者本人却认为就是诗歌。因为这是他（她）心底的话，是他（她）的真实情感的迸发。另外一种艺术就是书法。与诗歌一样，无论是专业创作的，还是非专业的，往往都有提笔书写的冲动。为什么书法也有这样大的吸引力呢？

一　书法何以成为艺术？

　　有人说，书法之所以有非常大的吸引力，原因与诗歌一样，都是好看，诗歌无非是把语言写得很优美，而书法就是把文字写得很好看，所不同的是，

[①] 陈振濂：《线条的世界：中国书法文化史》，浙江大学出版社，2002 年版，第 5 页。
[②] 白蕉：《白蕉书学十讲》，上海人民美术出版社，2019 年版，第 2 页。

一个是语言表达的艺术，一个是文字形体的艺术。这个说法听起来好像很有道理，但是有些文字也能写得很好看，却不是艺术。例如英文，也可以写得很好看，但是在英语国家里，没有一个国家把英文的书写当作书法，也没有这一种门类的艺术。尽管他们有书写学（calligraphy）一说，但这个词的原意就是"漂亮的书写"，与艺术没有什么关系。

其实，书法作为艺术只是在中国，以及东亚一些国家如日本、韩国等国流行，而且都是以汉字书写为主要载体，在日本还有平假名，而平假名源于汉字，是从汉字的草书演化而来的。傅抱石在《中国篆刻史述略》一书中说："中国的艺术最基本的源泉，是书法。对于书法若没有相当的认识与领悟，那么和中国一切的艺术可说是绝了因缘。"那么，为什么中国汉字的书写能够成为一种独特的艺术门类呢？

书法成为艺术，首先是得益于汉字本身。汉字是以象形为本源的符号，具有独特的优美形式，为书法艺术的形式感提供了条件。鲁迅说汉字有"三美"："意美以感心，一也；音美以感耳，二也；形美以感目，三也。"[①]从形式上看，汉字是方块字，是由线条组成的，就结构而言，不管是哪种书体，也不管字符是繁是简，都占有相同的近似方块形的空间，而各个字符在一定的空间内，需要恰当安排笔顺先后和搭配借让，以保持非常调和而镇静的美的平衡，书法艺术就是这样产生的。其次，得力于毛笔。由兔毫、羊毫、狼毫等做成的毛笔，柔软而富有弹性，可以产生丰富的变化，为书法成为艺术提供了可能。

因此，汉字的价值和意义不仅是一种历史和文化承载的工具，而且还包含着丰富的审美意蕴和文化内涵。人们通过它，可以表达思想，抒发情感，寄托理想，展现精神。[②]有学者认为，虽然书法"不及绘画或音乐易于感受客体，然而其表现力却十分高超。它不仅凭黑白二色之反差，显示出强烈的色彩感；用有限的基符（笔画）组合，体现出不同之情感与意境；它虽然属于视角之空间艺术，却又能将流动之时间节奏固定于受体（纸、石）。书法

---

① 鲁迅：《鲁迅全集》（第九卷），人民文学出版社，1982年版，第344页。
② 叶朗、朱良志：《中国文化读本》，外语教学与研究出版社，2008年版，第175-176页。

乃无色之图画，又是无声之音乐或凝固之旋律。"①

甲骨文是完整、成熟的古文字系统，也是最早的书写体式，因刻写在不易腐烂的龟甲骨和牛骨上而得名。它上承原始陶器上的刻绘符号，下启青铜铭文，是汉字发展的一个关键形态，表明汉字的各类形态已经基本完备，后世汉字的发展，只是在其基础上进行提高和完善。有学者认为，甲骨文开创了中国书法艺术独立发展的路径，其秘密在于甲骨文把象形的图画模拟逐渐变为纯粹化了的抽象的线条和结构。这种线条和结构不再是一般图案花纹的形式美和装饰美，而是真正意义上的有意味的形式。一般形式美是静止的、程式化和规格化，失去现实生命感和力量感，如美术字，而有意味的形式则恰恰相反，它是活生生的、流动的、富有生命暗示和表现力量的美。正因为书法是多样流动的自由美，所以每一个字、每一篇、每一幅都可以有创造、有变革甚至有个性，而不作机械地重复和僵硬地规范。②

图 10-1　秦 睡虎地秦简

甲骨文之后，镌刻在青铜器上的铭文叫金文，又叫钟鼎文或大篆。秦统一中国，文字也随之统一，叫小篆。实际上，秦代的书写有两个路线，小篆只是官方路线，还有一条是民间路线。这条路线承续了春秋战国简帛书（简策、牍版、缣（jiān）帛书的简称）的手写体，成为秦代下层官吏和庶民阶层最常用的书体。这种手写体化繁为简，化圆为方，蚕头燕尾，字形扁方，用笔轻重缓急变化频繁，与甲骨文、大篆、小篆相比，发生了很大的变化。这种手写体叫作隶书，而这场书体的改变史称隶变。

隶变是汉字从古文字系统——篆体向今文字系统——

① 黄源：《书法讲座》，广西师范大学出版社，2017年版，第1页。
② 李泽厚：《美的历程》，文物出版社，1981年版，第43页。

隶书、楷书、行书和草书转变的桥梁，通过把篆体字简化、草化，从而实现书写的快捷化。在笔法上，将篆书圆润而修长的线条截断，变弧线为直线，线条运行形成燕尾和波磔（zhé）；在笔势上，由缓慢行笔变为短速奋笔，大大提高了书写的速度；在形制上，由纵长变为方正或扁正；在结构上，通过对篆书的简化，进一步抽象化和符号化，如篆书中鸟的两足、马的腿和尾，鱼的尾巴，在隶变过程中统一为四点。①

隶变是书法史上的一个转折点。此前，书写主要是记事和交流的实用功能，而此后具有实用和欣赏双重功能。汉字书写的审美功能得以提升，成为一种艺术的自觉。这种自觉首先表现在书体的迅速变化上，在隶书的基础上又产生了楷书、行书、草书。楷书与隶书相比，只是笔画稍做改变，如波磔尽量少用或不用，笔法更为方折等，但本质没有变。行书和草书是书写的快捷化转向，既实用又有美感，是人们平时非常喜欢的书法形式。以行书为例，其书写比楷书、隶书和篆书更为灵活，拉长、压扁、挪移、欹（qī）侧等技巧的运用，使字形的变化更加多样。

这样，书法的体式就有篆书、隶书、楷书、行书和草书等数种。多种书写，千姿百态，各有其美，并行不悖。随着西汉中期隶变的完成，隶书、楷书、草书等多种书体的大书家相继出现了，如写隶书的蔡邕（yōng）、写楷书的钟繇（yóu）、写草书的张芝等，都是非常有影响的书家，而不同书体的优秀作品也出现了。隶书如《曹全碑》，"罗绮婵娟，姿态绰约，风韵天成"，而《石门颂》，"奇肆放达，字势飞动，既雄强凝重，又率意恣肆"；②楷书如

图 10-2　钟繇《宣示表》（局部）

①　汤大民：《中国书法简史》，江苏古籍出版社，2001 年版，第 63-64 页。
②　中国教育学会书法教育专业委员会编：《中国书法发展史》，天津古籍出版社，2010 年版，第 45 页。

钟繇的《宣示表》；草书如张芝的《八月帖》等。正是在这些名家和名作的推动和影响之下，书法艺术很快进入了繁荣时期。

二 书法何以被人钟爱？

书法之所以被人钟爱，是因为线条与语言一样，可以用它来尽情地表达和展现人的精神存在和状态，如抒发情感，表达价值观念和书写理想等。随着"玄学"和"魏晋风度"的兴起，书法的第一个繁荣时期到来了。玄学之下的"魏晋风度"，实际上就是人的个体意识的觉醒，人们惊喜地发现，书法与诗歌一样，完全可以淋漓尽致地反映那个特殊时代的风貌。宗白华认为那个时代"是最富有艺术精神的一个时代。王羲之父子（"二王"）的字，顾恺之和陆探微的画，戴逵和戴颙（yóng）的雕塑，嵇康的《广陵散》（琴曲），曹植、阮籍、陶潜、谢灵运、鲍照、谢朓的诗，郦道元、杨衒（xuàn）之的写景文，云岗、龙门壮伟的造像，洛阳和南朝的闳丽的寺院，无不是光芒万丈，前无古人，奠定了后代文学艺术的根基与趋向。"[①]

书法被名列榜首，产生了像王羲之父子那样的大书法家。这既是时代文化氛围使然，又是书法高度自觉的结果。康德曾说，线条比色彩更具审美性质。书法就是把这种"线的艺术"高度集中化纯粹化的艺术，王羲之等人在笔意、体势、结构、章法方面比前人更为多样、丰富、错综而变化。陆机的《平复帖》、"二王"的《姨母帖》《丧乱帖》《奉橘帖》《中秋帖》《鸭头丸帖》诸作品，是今天还可看到的珍品遗迹。他们以极为优美的线条形式表现出人的种种情绪意态、风神状貌，"情驰神纵，超逸优游""力屈万夫，韵高千古""淋漓挥洒，百态横生"，从书法上表现出来的正是那种飘逸飞扬、逸伦超群、风流潇洒的魏晋风度。[②]

《平复帖》距今1 700余年，是现存年代最早并真实可信的西晋名家法帖。该帖草书共9行、84个字，是陆机写给一个身体多病友人的信札，因其

---

① 宗白华：《宗白华全集》（第二卷），安徽教育出版社，2008年版，第267页。
② 李泽厚：《美的历程》，文物出版社，1981年版，第101页。

中有"恐难平复"字样，故名。秃笔枯锋，笔意婉转，风神奇古。王羲之的《姨母帖》，隶意浓重，古朴质拙，《丧乱帖》笔法精妙，奇宕潇洒，《奉橘帖》虽寥寥数字，"奉橘三百枚，霜未降，未可多得"，却疏朗轻盈，湛润神闲。

《晋书·王羲之传》说他："尤擅隶书，为古今之冠。论者称其笔势，以为飘若浮云，矫若游龙。"他曾自谦地说："吾真书胜钟，草故减张。"又说："吾书比之钟、张，钟当抗行，或谓过之；张草犹当雁行。"他是一个品行和才学俱佳的人物，书法上是个全才，隶书、楷书、行书、草书样样精通。如果非要有个比较，那么他的最高成就则是行书，而行书的最高典范是《兰亭序》。千百年来，这幅作品一直令人心驰神往，被视为书法史上的一座丰碑。

《兰亭序》又称《兰亭集序》，是为一本诗集所作的序言，这个诗集源于王羲之与朋友谢安等人在会稽山兰亭的一次聚会，在一个春和景明、惠风和畅的日子，玩一个叫曲水流觞的游戏，大家饮酒赋诗，王羲之把这些诗汇编成集，并写了一篇脍炙人口的序言，记叙聚会的畅快，抒发人生的感慨。这件作品共 324 个字，自然天成，风神俊逸，字与字之间牵丝连动，字里行间透出一种流荡回环、参差错落的美，显示出飘逸不凡的气质，愉悦洒脱之情跃然纸上。唐太宗李世民对此赞不绝口，在《王羲之传论》中说："尽善尽美，其惟王逸少乎！观其点曳之工，裁成之妙，烟霏露结，状若断而还连；凤翥（zhù）龙蟠（pán），势如斜而反直。玩之不觉为倦，览之莫识其端。心摹手追，此人而已。"

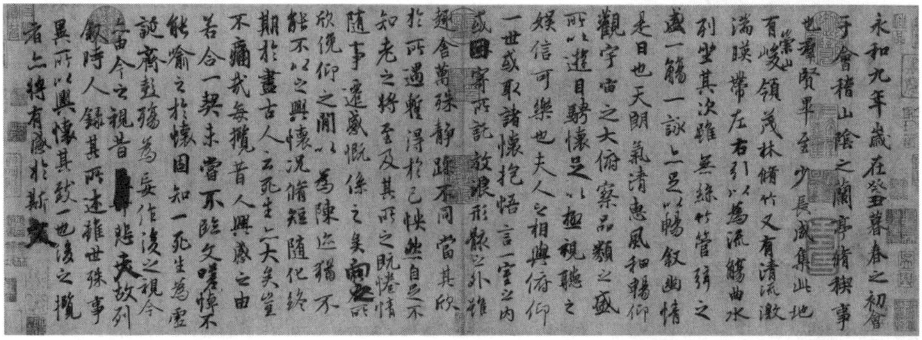

图 10-3 王羲之 《兰亭序》

有魏晋南北朝的基础，书法随即又进入了第二个繁荣时期。而唐代书法之盛，完全可以与两晋相比肩，所不同的是，两晋以行书载入史册，而唐代则是以楷书和草书闻名于世。楷书首先取得突破，立下了千年标杆，一直为后世尊奉，就是今天人们练习书法，大多也选择从临摹唐人楷书开始。促使这一转变的，是唐代的科举制度，其中有书写规范端正的要求，人们的审美标准为之改变，法度成为衡量书法的主要尺度。唐太宗不但身体力行，还写出《笔法诀》加以推动。

先有欧阳询、虞世南、褚遂良和薛稷"初唐四家"，都取法王羲之，形成各自的风格。欧阳询的书法被世人称为"欧书"，代表作《九成宫醴泉铭》，法度严谨，笔力险劲，森挺俊秀。虞世南的代表作《孔子庙堂碑》，外柔内刚，峻朗圆润，萧散端雅。褚遂良的代表作《孟法师碑》，舒瘦劲炼，畅朗秀丽，超凡脱俗。薛稷的代表作《信行禅师碑》，用笔瘦韧，得褚遂良"舒瘦劲炼"的真传。后有颜真卿和柳公权，人称"颜柳"，有"颜筋柳骨"之说。颜真卿的代表作有《麻姑仙坛记》《颜勤礼碑》《颜家庙碑》等，柳公权的代表作有《神策军碑》等。颜书沉雄劲拔，挺然奇伟，方正庄严，大气磅礴，持重有力，把历代的碑法，揉进自己的刚正忠烈之气，最具盛唐气象。

图 10-4　颜真卿《颜家庙碑》（局部）

与盛唐之音最相契合、共同体现出盛唐时代风貌的当属草书，特别是狂草。以张旭、怀素为代表的草书和狂草，如同李白的诗歌一样，无拘无束，流走快速，连字连笔，一派飞动，把饱满的情感极为痛快淋漓地倾注在笔墨之间。

张旭的代表作有《古诗四首》《肚痛帖》等。其书连绵回绕，起伏跌宕，奇幻多变。他常在大醉之后，号呼狂走，索笔挥洒，变化无穷，若有神助，时人号为张颠。杜甫在《饮中八仙歌》中说："张旭三杯草圣传，脱帽露顶王公前，挥毫落笔如云烟。"韩愈在《送高闲上人序》中说："往日张旭善草书，不治他伎。喜怒窘穷，忧悲、愉佚、怨恨、思慕、酣醉、无聊、不平，有动于心，必于草书焉发之。观于物，见山水崖谷、鸟兽虫鱼、草木之花实、日月列星、风雨水火、雷霆霹雳、歌舞战斗，天地事物之变，可喜可愕，一寓于书。故旭之书，变动犹鬼神，不可端倪。"他的草书和李白的诗歌、裴旻的剑舞被时人称为"三绝"。怀素的代表作有《自叙帖》《苦笋帖》和《食鱼帖》等，运笔连绵，俊秀奇逸，挥洒有度，美妙绝伦。

图 10-5　张旭 《古诗四首》

为什么这些书法名作能够长久地展现其魅力，虽时代变迁、审美变化还能熠熠生辉？这是因为这些作品有一个共同的特点，就是线条生动，节奏感强，气脉贯通，张弛有度，充满了生气和力量。"二王"之一的王献之是王羲之的儿子，他的书法在唐代之前一直比他父亲更受人青睐，他曾对谢安说，自己已经超越了父亲。他是一笔书的倡导者。所谓一笔书，唐代书法理论家张怀瓘在《书断》中说："字之体势，一笔而成，偶有不连，而血脉不断，及其连者，气脉通于隔行，唯王子敬明其深指。"王献之的《鸭头丸帖》短短 15 个字："鸭头丸，故不佳。明当必集，当与君相见。"一气呵成，气韵流荡。《中秋贴》，流连往复，气韵贯通，雄浑奔放，气吞山河。张旭早年学书时，苦于一直不得法。一天在长安街头巧遇公孙大娘舞剑，杜甫有诗盛赞她的舞蹈："昔有佳人公孙氏，一舞剑器动四方。观者如山色沮丧，天地为之久低昂"，张旭看得如醉如痴，由此顿悟，最终成为"草圣"。

图10-6 王献之
《鸭头丸帖》

从魏晋到唐代，接连出现书法史上的两个辉煌时代，书家辈出，名作众多，这绝不是偶然的。除了政治和文化背景之外，最主要的原因是对艺术的高度自觉。元代书法家赵孟頫说，书法的要旨有二，一曰笔法，二曰字形。关于笔法，早在隋代，书法家智永在总结前人实践经验和理论成果的基础上，提出了著名的"永字八法"。这实际上是一套书法用笔法则，就是侧、勒、努、趯（yuè）、策、掠、啄（zhuó）、磔这八个笔画如何书写字才能美，具体是：点为侧（如鸟之翻然侧下）；横为勒（如勒马之用缰）；竖为努（用力也）；挑为趯（跳貌，与跃同）；提为策（如策马之用鞭）；撇为掠（如用篦之掠发）；短撇为啄（如鸟之啄物）；捺为磔（磔音哲，裂牲为磔，笔锋开张也）。据唐代书法家李阳冰说："王羲之攻书多载，十五年偏攻永字。"因此，"习永"被古人看作是学习书法艺术的秘籍。

而字形就是字的结构。结构又有两种，一是单字摆布，二是行间章法。从单字看，是讲点画、位置、多少、疏密、阴阳、动静、虚实、展促、顾盼、节奏、回折、垂缩、左右、偏中、出没、倚伏、牡牝、向背、推让、联络、藏露、起止、上下、仰覆、正变、开阖之次序，大小长短之类聚，必使呼应，往来有情。这好比人面部的五官，而行间好比人的四肢百骸，举止语默。[①]

有一句谚语：书法如兵法。据说王羲之教学生时，就手拿兵法，一一讲解他对笔画的理解，就像一个将军在用兵布阵。蔡邕曾苦思书法之道，一次在梦中得到神人给的一本秘籍，里面只有两个字：疾、涩。疾，形容用笔之畅快；涩，形容用笔之迟慢。疾涩互动，笔有飞动之势，又要有顿挫之功。如骏马从高山飞奔而下，突然打住，马首高昂，嘶鸣不已。又如大河中激流直下，忽然前观有巨石挡住去路，湍急的河水冲击巨石，浊浪滔天，声震百里。书法就要有骏马飞奔、激水漂石的气势。[②]

三 书法何以历久弥新？

"魏晋风度"和"盛唐之音"是书法艺术的两个高峰。自西汉中叶完成隶变以降，在将近 1 000 年的时间里，书法史上先后出现两次辉煌的年代，这是中国人艺术创新能力的生动体现。但对于后人来讲，这两座高峰横亘在前面，能不能超越呢？这是摆在后人面前的一个艰巨课题。只有两条路，要么望而却步，书法艺术就此终结，要么在前人的基础上，勇敢地尝试，不断推陈出新，使书法艺术永葆活力。艺术的神奇之处就在于，它内含创新的潜能，这种潜能就像鸣蝉一样，能不断自我脱壳而获得新生。

在诗歌领域，唐诗之后出现了宋词，在书法领域，宋人又如何创新呢？其实，在五代时期，这种创新就开始了。五代军阀混战、政局混乱、百业凋零，但是艺术创新的步伐却没有停止。由唐以降，尚法书风横贯近 500 年，到了该破局的时候了。破局人是被宋人一再称道的杨凝式，他的书法在那个时代

① 白蕉：《白蕉书学十讲》，上海人民美术出版社，2019 年版，第 32 页。
② 叶朗、朱良志：《中国文化读本》，外语教学与研究出版社，2008 年版，第 179 页。

可谓是一峰独秀，尽管所存寥寥无几，却丝毫不掩他作为一代尚意新书风开创者的地位。

他出生在政治世家，却以疯癫醉酒应付官场，颇有魏晋风度之遗风，人称"杨风子"，沉醉于山水名胜，流连忘返，挥毫泼墨，洛阳周边200多个寺院道观的墙壁上都留有他的墨迹，宋人还能看到。黄庭坚说："余曩至洛阳，遍观僧壁间杨少师书，无一不造微入妙。"他还作诗赞赏："俗书只识兰亭面，欲换凡骨无金丹。谁知洛阳杨风子，下笔便到乌丝栏。"苏轼对杨凝式也是赞不绝口，说"独杨公凝式笔迹雄杰，有'二王'颜柳之余，此真可谓书之豪杰。"

图 10-7　杨凝式《韭花帖》

身处乱世，在政治上无能为力，杨凝式把他的满腔悲愤之情倾泻在他的作品中，写出了一种离奇的字形，留下了风格奇异的书法杰作。现存《神仙起居法》，飘逸放纵，自然潇洒；《韭花帖》松朗闲淡，舒秀空灵；《夏热帖》沉着恣肆，骨力雄奇；《卢鸿草堂十志图跋》雄浑古朴，酣畅淋漓。

宋书尚意。明代书法家董其昌说："晋人书取韵，唐人书取法，宋人书取意。"何为尚意？欧阳修说，"得其意而忘其形"，苏轼说，"我书意造本无法"，又说，"短长肥瘦各有志，玉环飞燕谁敢憎"，意思都是指要崇尚书法的意趣和意境，表现出与众不同的个性和情趣。尚意的代表人物是苏轼、黄庭坚和米芾（fú）。他们在同一时代，而且关系密切，共同撑起了宋代书法的崭新时空。

　　苏轼书法真情流露，神韵独具，任性放达，无论是看他的代表作《黄州寒食帖》还是看他的其他作品，无不给人以信手拈来、自然舒适的感觉，难怪黄庭坚说："学问文章之气，郁郁芊芊发于笔墨之间，此所以他人终莫能及耳。"

图 10-8　苏轼　《黄州寒食帖》

　　黄庭坚也是尚意新风的杰出代表，与苏轼一样，极具创新精神和能力，而且在笔法、结体、章法和意境上都有大胆的开拓和创新。他的作品纵横奇倔，挺拔伟岸，豪宕轩昂，代表作有《松风阁诗卷》等。

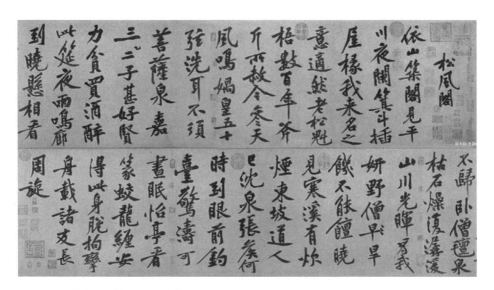

图 10-9　黄庭坚　《松风阁诗卷》

米芾是书法史上的一个奇才，采众家之长，又能融会贯通，在尚意书风之下独树一帜。苏轼说他的字，"风樯阵马，沉着痛快，当与钟、王并行"，他自己说，"落笔随意，皆得自然"。他的作品笔势翻澜，笔力雄健，气势恢宏，天真率性。代表作《蜀素帖》，俊逸遒劲，神采奕奕。

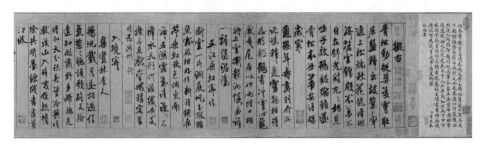

图10-10　米芾《蜀素帖》（局部）

创新是一条异常艰辛的道路，因为它既受制于政治、文化和社会环境，又受制于创新人才的脱颖而出。并非每个朝代和任何时期都有创新的表现，创新只是一种历史的趋势，既有历史的必然性，也有历史的偶然性。比如南宋时期，书法就鲜有创新，新一波的创新直到元代才出现。元代书法的特点是复古，就是"二王"这一系统的笔法在宋代受挫，元代书家要把它恢复过来，而这种恢复几乎是赵孟頫的一人之功。[1]当然赵孟頫个人能力极强，很好地担当了这一重任。据黄公望说，他写字速度极快，小楷每天能写一二万字，给人落笔如飞的感觉，而且又快又好，如果不是亲眼所见，是绝对不会有人相信的。

他的书法婉约秀媚，圆润柔美，温润绮丽，被称为"赵体"。董其昌晚年说，他18岁学习晋人，就看不上赵孟頫了，等到老了，才知道赵孟頫是不可及的。赵孟頫存世作品较多，代表作如楷书《帝师胆巴碑》，温润典雅，严谨秀媚，小楷《汉汲黯（àn）传》，秀逸妍丽，方峻遒劲；行书《洛神赋》，珠圆玉润，婉转流美。

---

[1] 潘伯鹰：《潘伯鹰讲中国书法》，中华书局，2017年版，第123页。

图 10-11 赵孟頫 《洛神赋》（局部）

图 10-12 王宠 《竹林七贤帖》（局部）

赵孟頫的书法变宋人尚意为尚态，开一代甜美书风。他的书法不但影响元代，而且也影响了明清两代。他是一个中间人物，高举复古主义的大旗，把元明清与晋代特别是二王连接了起来。元明清三代的书风一直为复古主义所笼罩，很多书家沿着这条路线不断创新，产生了一大批风格独特的大家。明代最有影响的复古主义书家当属吴门书派，最知名的有文徵明、祝枝山、唐寅、王宠等。以文徵明、王宠为例，前者 78 岁书写《赤壁赋》，笔笔精美，字字俊秀，而后者的《竹林七贤》，舒朗俊逸，古雅洁净。

明代复古主义的殿军人物是董其昌。

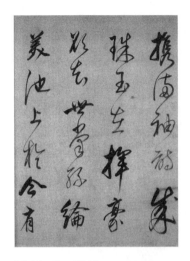

图 10-13 董其昌《杜甫醉歌行诗》（局部）

他的书法追求一个"澹"字，作品透出一股清雅的气息，并接过赵孟頫高举的大旗，成为影响清代书风的领军人物。

在复古主义盛行一时的时候，突破传统的力量也产生了。这个旗帜之下，有众多的流派，大体分温和、激进两派。温和派，元代如鲜于枢、康里巎巎（náo náo）、"元四家"、王冕等，明代如解缙、徐渭、张瑞图、黄道周、倪元璐、王铎、傅山等，清代前期如八大山人、石涛、髡残，后期如邓石如、伊秉绶、何绍基、赵之谦、吴昌硕等。

激进派与温和派有一个共同的特点就是突破传统，求变求新，但以书法另类而引人注目，更显离经叛道，被视为复古主义路线下冲出来的一支举足轻重的"叛军"。[①] 这种另类书法一直以来没有一个统一的称谓，今人却把它叫出

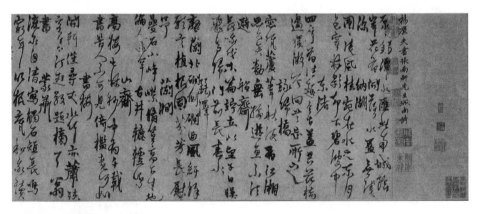

图 10-14 杨维桢《城南唱和诗》（局部）

---

① 中国教育学会书法教育专业委员会编：《中国书法发展史》，天津古籍出版社，2010 年版，第 280 页。

了名：丑书。丑书在元代的代表人物是杨维
桢。他的书法以"狂怪"闻名，有人批评说
不合法度，"不合格"，也有人认为他大胆
地突破赵书以降的流美积习，法古求新，使
元代书坛气象一新。代表作《城南唱和诗》，
随心所欲，挥洒自如，矫杰横发，稚拙脱俗。

　　丑书的出现，一是要突破既有艺术窠臼。
再好的艺术主张和实践，一旦高涨起来，就
会形成流弊，进而造成窠臼，束缚艺术的创
新，而艺术潜在的自我更新能力，按照其自
身发展的规律，寻求突破。二是要突破权力
的束缚。明清两代皇帝如永乐和乾隆，不像
唐宋皇帝如唐太宗、宋太宗，虽然也喜欢书
法，但没有了开明，而是非常狭隘，以致把
自己的偏爱独尊为范本，导致台阁体大行其
道。台阁体看似婉丽，实则没有精神内涵，
就像一个美人失去了灵魂，徒有其表，这就
激起了书坛的反弹，而丑书则是最具张力的反抗。清代乾
隆年间"扬州八怪"的出现，正是"文字狱"盛行的年代，
给书法艺术何以能历久弥新做了最好的注脚。

图 10-15　金农
《题画》（局部）

　　曾几何时，有人主张废除书法。第一次提出是在中国
现代社会转型之始，认为从农业社会向工业社会转型过程
中，作为农业社会的文化成果，书法没有用了。第二次是
计算机科学快速发展之时，认为文字都由电脑输入，汉字
书写没有必要了。如果在对书法艺术有了真切的了解之后，
还会有人认为它是无用和没有必要的吗？

水 墨 画

　　水墨画，是中国绘画所特有的一种形式。就像油画最能代表西方绘画一样，水墨画最能代表中国绘画的面目。它不用色彩或少用色彩，而是用墨水在白色的纸上或绢丝上作画，不但能呈现美丽的图形，带来视觉上的享受，而且能展现中国人的理想信念和精神风貌，触及人的心灵。因此，水墨画是最能代表中国艺术精神的形式之一，是"世界艺术史上罕见的美的珍宝"[①]。

一　水墨画何以被推崇？

　　元代画家、书法家赵孟頫有诗："石如飞白木如籀（zhòu），写竹还于八法通。若也有人能会此，方知书画本来同。"意思是书法和绘画是紧密相连的，书、画互通。但是从这两门艺术的历史情况来看，发展并不同步，在书法书写盛唐之音的时候，水墨画才刚刚兴起。尽管如此，水墨画一旦产生，就以其旺盛蓬勃的生命力，迅速发展，成为与书法并驾齐驱的艺术门类，展现出独特的艺术魅力。

　　水墨画产生之前，中国的绘画都是有色彩的。南朝谢赫在《古画品录》

---

① 李泽厚：《美的历程》，文物出版社，1981年版，第165页。

中归纳了绘画的六种方法，其中第三种叫"应物象形"，第四种叫"随类赋彩"，说出了着色画的两个基本特点，一是要根据真实物象来描绘形象，二是要根据具体物象的颜色来绘制不同的色彩。一般来说，到晋代，绘画的条件已经具备了。如顾恺之的人物画，当时就受到推崇，谢安说它"自苍生以来所未有"。[①]

　　绘画题材中，画人最难，其次山水，又次花鸟，而古代绘画就是从最难的题材入手。据说顾恺之帮助一个寺庙筹款修建，把自己关在大殿里一个月，画了一幅维摩诘像，然后向信众开放，收取参观费，三天就筹足了款项。顾恺之的人物造像，与一般的画工不同，而是"神气飘然"，也就是谢赫"六法"中的第一条要求，"气韵生动"。尽管维摩诘像早已看不到了，但今天还能看到他的名作《女史箴图》《洛神赋图》，从中可以领略彩色人物画的风采。顾恺之和那个时代的画家，如曹不兴、卫协、陆探微、张僧繇等人，都是以逼真的彩色画而闻名。顾恺之之前的曹

图 11-1　顾恺之
《女史箴图》

----

① 谢稚柳：《水墨画》，上海人民美术出版社，1957 年版，第 4 页。

不兴，一次不小心把颜料滴到了画面上，便顺手画了一只苍蝇，孙权来赏画时，以为苍蝇落到了画面上，用手去拈，才发现是画中的苍蝇。

这种画风得以延续，到唐代阎立本等人发扬光大，画出了《步辇图》《历代帝王像》这样惟妙惟肖的作品。

图 11-2　阎立本步辇图

随着绘画题材的拓展，绘画的种类也发生了变化。唐人的绘画视角不仅关注人物，还对山水产生了兴趣。艺术对山水的关注，始于诗歌。魏晋南北朝时期，山水诗已独树一帜，陶渊明、谢朓都是著名的山水诗人。陶渊明的一首《归去来兮辞》，其中有"景翳翳以将入，抚孤松而盘桓""既窈窕以寻壑，亦崎岖而经丘。木欣欣以向荣，泉涓涓而始流""登东皋以舒啸，临清流而赋诗"等诗句，抒写徜徉于山水的愉悦，表达"乐夫天命复奚疑"的达观人生。

山水画追根溯源，可以追溯到南北朝时期。从顾恺之等人的画作中也可以看到山水，《女史箴图》《洛神赋图》中人物都有山水作为背景，在敦煌壁画中，也能看到这样的背景，但当时的山水画无论构图、形象和技法，都是初级阶段，根本无法与山水诗相比。这种情况被唐人改变了，山水不再作为人物的陪衬，山水画成为一种独立的画种。唐玄宗曾经要求当时宫廷大画家李思训和吴道子专门画嘉陵江的山水，李思训画了几个月才完成壁画，而吴道子仅用一天时间。吴道子之所以这么快，是因为他绘画的技法变了，不像李思训专注于用浓艳的色彩精细地描绘，而是用"有笔而无墨"的方法，用墨水一挥而就。

今天已经看不到这两位画家的嘉陵江图了。据说唐玄宗看了李道训的作品后，说了一个字：好。看吴道子作品时，吴道子指着画面上的山麓说，那边有个洞穴，里面住着神仙，美景不可胜收，我为陛下打开洞门，一起游览，说着打开门，自己先进去，回身招呼皇帝进来，正当玄宗准备进入的时候，山门忽然关闭了，在他惊愕之时，却看见吴道子提着画笔，站在墙壁的前面。吴道子的山水画之所以达到传神的地步，是因为水墨所产生的独特效果。也就是说，山水用水墨效果最好，山水画的最好表达方式就是水墨画。

对于水墨的妙处，吴道子当然不是第一个注意到的。南朝梁元帝萧绎在谈到"山水松石格"的时候，就首先提出了"笔精墨妙"，主张用墨色替代一切色彩，认为"高墨犹绿，下墨犹赪（chēng）"，应该是中国绘画史上主张色彩革命的第一人。但这个绘画理念在当时可谓曲高和寡，直到吴道子不但继承了这个理念，而且直接贯彻到他的山水画作中。同时代的王维，遵循吴道子的笔墨，形成了自己独特的山水风格，成为水墨山水画的鼻祖。

王维以诗歌闻名，尤其是山水诗脍炙人口，如《山居秋暝》："空山新雨后，天气晚来秋。明月松间照，清泉石上流。"《鸟鸣涧》："人闲桂花落，夜静春山空。月出惊山鸟，时鸣春涧中。"《终南山》："太乙近天都，连山接海隅。白云回望合，青霭入看无。"王维大概晚陶渊明300年，山水诗的那种意境终于在他手中通过图形表现了出来。他的山水画也没有流传下来，苏轼那个年代，还能看到他的真迹，评价很高："味摩诘之诗，诗中有画；观摩诘之画，画中有诗。"从一幅名为《雪溪图》的宋人仿品中，他的笔墨还可窥见一斑。画面是雪中江面的风光，没有一点色彩，就用墨水绘出了平淡悠远的境界。

由于墨水的运用，使得山水画的创造性和艺术性大大地提高了。为什么水墨画有这样神奇的效果呢？根据记载，王维的笔墨与当时流行的色画派刻划钩斫（zhuó）截然不同，他擅长水墨的渲涮（shuàn），工于平远的景色，幽静的山谷，飞动的云水，完全是一种全新的笔墨。笔墨包括笔法和墨法。笔法是根据描绘的对象，在摄取它的形与神的时候，所产生的笔的态和势，情与意。墨法是用墨的浓淡，根据对象的不同，进行浓淡配合和调和，从而形成不同的精妙的视觉效果。比如它不但可以表现阴阳凸凹，深浅远近，还可以表现寒暖晦明；不但可以表现云雨的迷离，烟雾的空蒙，还可以表现对象的形与影；不但可以表现实质，还可以表现虚空。因此，在技法上增加了复杂性和广大性，能够更加自由地、个性化地发挥，更有表现力，这是着色画所不能的。①

水墨画与着色画还有一个重要的不同，就是超越形似。王维说，"凡山水画，意在笔先"，意思不是对物象的具体描摹，而是绘出意念中的物象。水墨就是写意，而写意必须水墨。据说他画了一幅《袁安卧雪图》，其中有雪中芭蕉的画面，有人对他提出批评，认为雪天怎么会有芭蕉的出现？一些西方观众也不理解中国水墨画，《人类的艺术》的作者房龙认为，只有中国人和小孩子才不懂透视法。透视法是西方绘画的基本原则，就是在一个固定的点上看物象，按照近大远小的原则进行描摹，从而达到逼肖外物的效果。但水墨画所遵循的原则与透视法完全不同，苏轼说，"论画以形似，见与儿童邻"。

王维说，"夫画道之中，水墨为上"，为什么呢？因为它可以"肇自然之性，成造化之功"，就是水墨画最符合自然本性，因而能够表达神奇的造化。唐代绘画理论家张彦远对水墨山水画兴起的思想根源做了总结，认为自然万象的本体和生命是"道"，也就是阴阳的气化，它是自然的，不是人为的，所谓"草木敷荣，不待丹碌之采，云雪飘扬，不待铅粉而白""山不待空青而翠，凤不待五色而綷（cuì）"，而水墨的颜色，正和"道"一样朴素，最接近自然的本性，因此是最"自然"的颜色。它也和"道"一样，蕴含着自然界的五色，产生着自然界的五色，所以他认为，"运墨而五色具"。②

山水画何以有境界？

水墨画虽然从着色画中分离出来，但曲高和寡，王维之后的一二百年时间里，几乎悄无声息，着色画仍是画坛的主流，直到五代时期才有人接过王

---

① 谢稚柳：《水墨画》，上海人民美术出版社，1957年版，第6页。
② 叶朗、朱良志：《中国文化读本》，外语教学与研究出版社，2008年版，第185页。

维的这面大旗，从此一发而不可收。人们都喜欢说宋元山水画，对五代一带而过，其实没有五代，哪会有宋元？五代时期，越来越多的人醉心于山水，并用水墨作画，奠定了山水画的基本风格，而宋元得以在这个基础上发扬光大。

一般说山水，是指山水松（树）石。从绘画的视角来看，有的侧重于山，有的侧重于水，而有的则山水并重，由此也形成了不同的山水画流派。最先出现的是北方派。这一派的画家大多是北方人，对北方的山水情有独钟，而且体察入微。荆（jīng）浩生活在太行山区，是北方山水画派之祖，他的画现在已经很难看到，根据米芾的说法，他"善写云中山顶，四面峻厚"。他认为山水画的灵魂是"真"，而不是"似"，"似"者，得其形，遗其气，而"真"者，气质俱盛。他的学生关仝（tóng）继承了他的笔墨，青出于蓝而胜于蓝，所画《关山行旅图》，峰峦高耸，兀石凝重，树木苍劲，深谷溪流，缓缓而来，由远及近。

北方派的代表人物是李成。他师承荆、关，而自成一家。如果说荆、关重在山水的气势，那么他则重在山水的意境。他喜欢画野外平远烟林，气象萧

图 11-3 关仝
《关山行旅图》

图 11-4　李成
《读碑窠石图》

疏，这种独特的意境可以从他的《读碑窠（kē）石图》中去体会。画面是冬日的原野上，一个老者骑着毛驴，在书童的陪伴下正驻足观看前面的一个古碑，边上枯树森然。构图尽管简单，只有人、古碑、古树而已，却呈现一种苍凉深邃之美，令人遐想。

　　南方派的代表人物是董源和巨然。董源是南派山水画的开山鼻祖，生活在南方，所以山水也是江南的山水，没有险峻的山峦，也没有雄伟奇巧，山势平稳，连绵不绝，江面开阔，疏林远树，平远幽深。米芾认为他的画"平淡天真多""近世神品，格高无可比也"。代表作《潇湘图》，山林深蔚，烟水微茫，超凡脱俗，给人以平和、恬淡和宁静之感。巨然是南京的一个和尚，学习董源，沈括说，"江南董源僧巨然，淡墨轻岚为一体"。他的画作笔法简略，但气韵神妙，拙朴浑成，又内含清俊，呈现出与董源不一样的风格。

图 11-5　董源 《潇湘图》

　　北宋的山水画全面继承并发展了五代的南北两派。北方派的继承者主要有范宽、郭熙、燕文贵等人，而南方派的继承者主要是米氏父子、王诜（shēn）、赵令穰（ráng）、江参等人。双方人才济济，名作众多，而且在绘画理论上也有精备的贡献。如郭熙提出了系统的山水画理论。他在《林泉高致》中说："君子之所以爱乎山水者，其旨安在？丘园养素，所常处也；泉石啸傲，所常乐也。渔樵隐逸，所常适也；猿鹤飞鸣，所常亲也；尘嚣缰锁，此人情所常厌也；烟霞仙圣，此人情所常愿而不得见也……"也就是说，不管人们出于什么样的原因，都会自觉与不自觉地喜爱山水，只要条件允许，都会去追寻能为心灵提供栖息的理想之地。

　　这个理想之地，能够给人们带来各种精神慰藉，"山水有可行者，有可望者，有可游者，有可居者。画凡至此，皆入妙品。但可行可望不如可居可游之为得。何者？观今山川，地占数百里，可游可居之处，十无三四，而必取可居可游之品。君子之所以渴慕林泉者，正谓此佳处故也。故画者当以此意造，而鉴者又当以此意穷之，此之谓不失其本意。"

　　王国维在《人间词话》中论及诗词的境界，认为"境非独谓景物也，喜怒哀乐亦人心中之一境界。故能写真景物真感情者，谓之有境界；否则谓之无境界"，[①]而境界又有"有我之境"和"无我之境"两种，像"泪眼问花花不语，乱红飞过秋千去"（欧阳修），"可堪孤馆闭春寒，杜鹃声里斜阳暮"（秦观），就是"有我之境"；"采菊东篱下，悠然见南山"（陶渊明），"寒波澹澹起，白鸟悠悠下"（元好问），就是"无我之境"。"有我之境，以我观物，故物我皆著我之色彩。无我之境，以物观物，故不知何者为我，何者为物。古人为词，写有我之境者为多，然未始不能写无我之境，此在豪杰之士能自树立耳。"[②]

　　诗词是运用语言创造出人们接受的和理想中的境界，而山水画则是运用图形创造人们接受的和理想中的境界。山水画的境界也有"有我之境"和"无我之境"之分，范宽的《雪景寒林图》所呈现的就是"有我之境"。米芾说

---

① 王国维：《王国维文学论著三种》，商务印书馆，2001年版，第31页。
② 王国维：《王国维文学论著三种》，商务印书馆，2001年版，第30页。

范宽有荆浩的风貌，"山顶好作密林，自此趋枯老。水际作突兀大石，自此趋劲硬"。这幅画描绘的是北方山川雪后的景色。群峰巍峨，山势挺拔，老树繁茂，森然而立，深谷溪流，潺潺生烟，山中有楼，山下有舍。这是一个宁静的世界，也是诗人理想之地。

图 11-6　范宽《雪山寒林图》

图 11-7　郭熙《早春图》

郭熙的《早春图》则是描绘早春时节山中景色。高山耸立，薄雾飘卷，寒柏苍劲，瀑布飞流而下，汇入山下溪流，春意正在萌动，而船边的行者准备远行了。这也是"有我之境"，而《雪景寒林图》意在归来，《早春图》则意在出行。

在北方派描绘高山大川壮丽景色，创造宁谧而有生机的境界的时候，南方派则用另一种风貌呈现"有我之境"。米氏父子笔法奇特，独创"米点皴（cūn）"，用水墨横点，连点成片，看似草草，却平淡率真。他们擅长画云里烟里的景色，空蒙迷离，非常神奇，令人神往。如米芾的《云起楼图》，米友仁的《潇湘奇观图》《潇湘图》《郭升归鱼图》《烟岚滴翠》等。

其实无论是北方派还是南方派，都是在野画派，或者叫文人画派；还有一派叫宫廷画派或者叫画院画派。唐代宫廷画派的代表人物是李思训，而在野画派的代表人物是王维。此后这两派此消彼长，绵延发展。两者的差异在于，画院画派注重色彩，客观描摹物象，笔法极细，个性缺失，而文人画则是注重水墨渲染，主观重于客观，挥洒写意，突出自我表现。① 五代、北宋时期文人山水画蔚为壮观，促使画院画派也涉足水墨山水，并形成了画院画派风格的山水画。

这一派的代表人物有李唐、刘松年、马远、夏圭，并称"南宋四家"。他们的共同特点，一是用精细的笔法描绘水墨山水。如李唐的《策杖探梅图》，刘松年的《秋窗读书图》，笔法洗练，线条细腻，用墨适宜，非常精美。二是善于取景，精于画面剪辑。如马远和夏圭，往往取山水的一角，树木的一枝，石头的一面，描绘出精当而有生气的画面，如马远的《梅石溪凫（fú）图》，夏圭的《渔村归钓图》等。而他们的这些作品也是"有我之境"。

山水画的另一种境界"无我之境"，是由"元四家"创造出来的。"有我之境"追求山水的实感，即可行、可望、

图11-8 米友仁
《郭升归鱼图》

① 傅抱石：《中国绘画变迁史纲》，河南人民出版社，2016年版，第81—84页。

图 11-9　马远
《梅石溪凫图》

图 11-10　倪瓒
《六君子图》

可游和可居，而"无我之境"则是追求山水的虚感，即山水的本性。这个本性不是那种实体山水所带来的愉悦感，而是虚拟山水所带来的一种终极归宿感。与宋代画家相比，元代画家的生活环境发生了巨大的变化，犹如一个在天上，一个在地狱，因此"有我之境"的山水已不能满足他们的精神需求，只有"无我之境"的山水才能追溯"道"的本源，体现"道"的本相，安放不安的灵魂。

"元四家"都是山林野逸之士，崇尚空灵淡远，用独特的笔墨表达超然物外的情怀。倪瓒是其代表人物，董其昌把他列为四家之首。他素有洁癖，认为陆地上不干净，喜欢住在船上。作品大多取材于太湖一带景色，大多疏林坡岸，浅水遥岭，笔法极简，却韵味无穷。如《渔庄秋霁图》《容膝斋图》《江岸望山图》《溪山图》《紫芝山房图》《虞山林壑图》《秋亭嘉树图》《枫落吴江图》《江亭山色图》等，结构非常相似，但他沉醉其中，乐此不疲。其中《容膝斋图》，远山浅水，疏林枯干，苍凉而悠远，平淡而旷逸，这是他醉心的理想世界，在这个世界中，只需一个膝盖大小的亭子，不求放进身体，只需安放生命。

三 花鸟画何以能灵动？

五代、宋、元三朝画家创造的两个境界是山水画的两个高峰，这对明、清画家而言，是难以超越的。所以，无论是"明四家"（沈周、文徵明、唐寅、仇英），还是"清六家"（王时敏、王鉴、王翚（huī）、王原祁、吴历、恽寿平），他们的创新空间都很小，也就是说，明清两朝画坛主流是在前人搭建的舞台上起舞，主要有三种形式。

一是直接模仿。以上十家中，大多有对名家名作的模仿作品，而且都是模仿的高手，如沈周《仿黄公望富春山居图》，名噪一时。二是寻求中间路线，双轨并行，既画文人画，也画画院派的画。明四家中，文徵明偏向文人画，唐寅、仇英偏向画院派，而沈周两者皆可，如他的《庐山

图 11-11 沈周
《仿富春山居图》

高图》，呈现的是画院派的精细与典雅，而《渔家乐》则呈现出文人画的个性与挥洒。三是对北方派和南方派的不同风格进行融合。"清六家"试图继承五代以来山水画的所有传统，并进行融会贯通，尤以王翚和恽寿平成效最为显著。如王翚的《雨山图》，既有北方派的山峰高耸的气势，又有南方派的淡远空灵，王时敏评价说："画有南北宗，至石谷而合为一。"

图 11-12　石涛
《黄山紫玉屏图》

对山水画取得新突破的是明末清初的"清四僧"，分别是原济（石涛）、朱耷（dā）（八大山人）、髡（kūn）残（石溪）和渐江（弘仁）。他们明确反对摹古和泥古，而且极具创新能力，形成了各自的面目，令人耳目一新。特别是石涛和髡残，风格十分独特，标新立异，在山水画中表达奔放不羁的个性，无可复制。[1] 陈衡恪曾比较两人风格时说："石溪善涩，故惜墨如金石；石涛善拙，故用墨如杵。石溪尚有画家面貌，石涛则一挥扫而空之。"[2] 如髡残的《山水册之六》，笔墨荒率中有沉着，寂寥中蕴生机，石涛的《黄山紫玉屏图》，笔法纵横，墨法淋漓，粗拙率真，稚气天成。

---

[1] 内藤湖南：《中国绘画史》，栾殿武译，中华书局，2008 年版，第124 页。

[2] 朱良志：《至人无法，朱明遗传之八大与石涛》，《紫禁城》，2014 年第 7 期。

石涛等人山水画的创新犹如空中绝响，几乎没有人能取得他们那样的成就，但不能说明、清的水墨画鲜有作为，相反那个时代的画家没有辜负艺术创新的使命，他们在花鸟领域取得了新突破，创造了新成就。花鸟画，是花竹禽兽画的简称，也始于唐代，吴道子用墨水画山水，也用水墨画竹。不过那个时代画禽兽大多关注大禽兽，画马画牛的很多，如韩干画马享有盛名，到了五代，画家才聚焦于小禽兽，如飞鸟。

花鸟画也有画院和文人两个派别，从五代一直到明代中期，画院派一直占据着花鸟画的主流地位。最初画院派的大佬是黄筌（quán）、黄居寀（cǎi）父子，父亲是后蜀的宫廷画师，儿子是北宋的宫廷画师。如黄筌的《写生珍禽图》，沈括在《梦溪笔谈》中说："诸黄画花，妙在赋色，用笔极精细，几不见墨迹。"文人画派的代表人物是南唐和北宋的徐熙、徐崇嗣祖孙。如徐熙的《飞禽山水图》，沈括说，"殊草草，略施丹粉而已"，而"神气迥出"。当时有"黄家富贵，徐熙逸野"的说法。《宣和画谱》比较了黄筌、徐熙和另一位花鸟画家赵昌的画，认为："盖筌之画，则神而不妙，昌之画，则妙而不神，兼二者一洗而空之，其为熙欤。"米芾对徐熙也评价很高，米芾说："黄筌画，不足收，易摹，徐熙画，不可摹。"

尽管如此，由于画院派的花鸟画皇帝喜欢，所以能掌控当时的画坛。凡要进入画院的，都必须是画院风格的才能获准，而当时"无画不黄，可谓豪矣"，所以在黄居寀掌管画院的时候，徐熙的孙子想找一个铁饭碗，考朝廷的侍招，就不得不改变家传的画风，投在黄家门下。而那些已身居侍招之位，不肯放弃自己画风的人，日子非常难过，有骨气的如崔白、崔悫（què）、吴元瑜等人把个性视为艺术的生命，只能以辞职明志。宋徽宗本人也是画家，当政的时候就成了画院派的当然领袖。据说杨补之把自己画的梅花给他看，他非常不屑，批评说这是乡下的梅花。

文人花鸟画的生存空间非常狭小，但是没有中断，一些对艺术执着的画家，把这种画风一直传承下去。北宋的文同，擅长墨竹，说"心虚异众草，节劲逾凡术"，又说"竹如我，我如竹"，冲破画院派的包围，米芾说他，"以墨深为面，淡为背，自与可始也"，成为墨竹画的鼻祖，受到后世的效仿，被吴镇称为"文湖州竹派"。南宋的梁楷、法常、杨补之，元代的赵孟坚、郑思肖、王冕等人也都是突围者。郑思肖是宋末元初的画家，擅长画兰，南宋灭亡后，怀念故土，坐必南向，画兰不画土，寓意南宋失去了国土。他的兰花，长长的叶子，萧疏劲挺中，饱含高傲凄清的情志。王冕是元末草根出身，在"元四家"创造山水画"无我之境"的时候，他以画梅明志。所画梅花枝繁花密，生意盎然，苍劲有力，表达他蔑视权贵，孤傲坚毅的品行和意志。

图 11-13　王冕《南枝早春图》　　　图 11-14　徐渭《黄甲图》

推动花鸟画重大变革的是明代中叶的两个画家，一个叫陈淳，另一个叫徐渭，绘画史上把他们并称为"白阳、青藤"。他们都属粗笔，但神态悬殊，气象迥异。陈淳粗中带细，笔墨明净，洒脱秀美，舒朗劲健。如他的《菊图》《葵石图》，质朴自然、清新俊逸。王世贞说："胜国（元朝）以来，写花卉者无如吾吴郡，而吴郡自沈启南（周）后，无如陈道复（淳），陆叔平（治）。"而徐渭则才情纵横，挥毫泼墨，酣畅淋漓，放达恣肆，气势磅礴。张岱说他的画："离奇超脱，苍劲中姿媚跃出。"如《黄甲图》，画面简洁，两荷一蟹，但清新奇巧，神采飞动，具有磅礴纵肆的视觉效果。

　　陈淳、徐渭冲破了被画院派长期占据的花鸟画坛，开启了花鸟画创新的大门，从此一发而不可收，出现了"清四僧"和"扬州八怪"这样天才的创新群体。他们不再被传统范式所束缚，大胆探索，把鲜明的个性通过花鸟表现出来，使得花鸟富有生气，花鸟画也灵动起来，使得明清画坛焕发出勃勃生机。这是绘画史上，继创造山水画境界之后，又一次伟大的创新。

　　"清四僧"中花鸟画的代表人物是朱耷，即八大山人。他是明朝南昌宁献王的九世孙，人生经历很坎坷，阅历也很丰富。他把这些经历和阅历通过各种花鸟精彩地呈现了出来，创造了一种新奇独特的面貌。他善画鱼和鸟，而鱼鸟的眼睛都很大，黑圆的眼珠，往往顶在眼眶的上角，这种夸张的笔墨，看似不合常理，但增强了灵动感，显示了个性。如

图 11-15　八大山人《孤禽图》

图 11-16 郑板桥《竹石图》

《孤禽图》，一鸟，独足，缩颈，拱背、白眼，一副遭受欺压，但不屈不挠，傲兀不群的神情。

"扬州八怪"里花鸟画的代表人物是郑燮（xiè），就是人们熟知的郑板桥。他是康熙秀才、雍正举人、乾隆进士，却经历了卖画读书，考试做官和卖画为生的奇特人生。在山东潍坊做官时，曾画竹题诗："衙斋卧听萧萧竹，疑是民间疾苦声，些小吾曹州县吏，一枝一叶总关情。"他不画人物、山水，也不画一般花鸟，而是以兰、竹、石为主，兼及松、菊、梅，以此陪伴自己守住良知底线。70岁时画《竹石图》，一块巨石顶天立地，数竿瘦竹挺拔而立。题诗明志："七十老人画竹石，石更凌嶒竹更直。乃知此老笔非凡，挺挺千寻之壁立。"表明这辈子不向贪官污吏低头意志，仍像磐石般坚强，像清竹般劲挺。

一百多年前，蔡元培曾提出了"以美育代宗教"理论，认为："纯粹之美育，所以陶养吾人之感情，使有高尚纯洁之习惯，而使人我之见、利己损人之思念，以渐消沮者也。"有人感到很费解，美育怎么可以代替宗教呢？在对中国水墨画这门艺术有了一定的了解之后，是否会对这一理论有个更直观的认知呢？

第十二讲

音　乐

在不同艺术门类中，音乐可能是最古老而且受众面最广的一门艺术。中国古代音乐源远流长，河南舞阳贾湖遗址出土的骨笛，距今有八九千年的历史。[①]

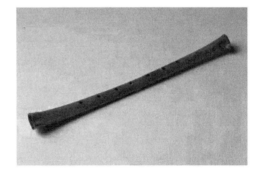

图 12-1　贾湖骨笛

传说中有个葛天氏的部落，有一种"三人操牛尾，投足以歌八阕（què）"的乐舞，由 3 人拿着牛尾，踏足唱 8 支歌曲。另外一个传说更为动人，大禹治水途中，遇到涂山氏的一个美丽姑娘，两人一见钟情，在目送大禹去南方治水时，她站在涂山的南麓，深情地歌唱：候人兮猗（yī），表达她等候他回来的愿望。由于音乐是人们情感自然的流出，所以受众很广，

---

① 2001 年，上海师范大学刘正国教授举起其中的一支骨笛，第一次吹响了八九千年前的声音。经过测试，这些骨笛（共 25 支），具备了六声和七声的音阶结构，表明当时音乐发展具有较高的水平。

无论是公卿贵族，还是黎民百姓，无论是饱读诗书的文人，还是目不识丁的武夫，都有它的受众，因而能广泛满足不同群体的情感和其他方面需求。

一 音乐何以治国？

中国有以乐治国的历史传统。早在周代就明确提出了礼乐治国。乐，就是音乐。荀子说："乐行而志清，礼修而行成，耳目聪明，血气平和，移风易俗，天下皆宁，美善相乐。"[1] 乐的作用是使人的血气平和，从而达到家庭、社会的和谐与安定，也就是通过维护每个人精神的和谐，来维护整个社会的和谐。

礼是外在的行为规范，它的内容是"序"，也就是维护社会秩序、社会规范；"乐"是内在的熏陶和感发，它的内容是"和"，也就是调和性情，使人的精神保持和谐悦乐的状态，生动活泼，充满活力和创造力，进一步达到人际关系和谐及人与整个大自然的和谐。[2]

乐，不仅指歌、舞、曲，还包括与礼相偕配的所有艺术形式和意识规范。如果说，基于宗法制度的礼是从外部给人提供一种强制的社会规范，那么，基于审美情感的乐，则从内部为人塑造一种自律的文化规范，所谓"乐由中出，礼自外作"，其目的都在于"整民"。所以说，周人制礼作乐的目的，就是想通过礼和乐两手来治国，以期从外在的社会规范和人的主观情志等方面实行全面的控摄，确保宗法等级秩序。[3]

为此，周王朝建立了一个庞大的音乐管理机构，春官，有多种不同职位，如乐师、大师、钟师、磬师等，各有分工，如乐师、大师负责乐舞教习，钟师、磬师负责乐器教习，其中乐师就有 1 463 名。教习的对象是贵族子弟，按照要求，他们必须 13 岁背诵诗书，学习《勺》舞，"成童之年"学习《象舞》，20 岁学习《大夏》舞。此外，不同身份贵族的用乐等级都有严格的规定。《周礼》的《大司乐》规定，"王宫县，诸侯轩县，卿大夫判县，士特县"，

① 王先谦：《荀子集解》，中华书局，2016 年版，第 451 页。
② 叶朗、朱良志：《中国文化读本》，外语教学与研究出版社，2008 年版，第 146 页。
③ 冯天瑜、杨华、任放：《中国文化史》，高等教育出版社，2005 年版，第 95 页。

也就是说，天子的乐器（如钟、磬）可以四面悬挂，诸侯限三面，卿大夫限两面，而士只能一面。至于乐舞的队列，天子可以享用"八佾（yì）之舞"，即 8 人为一行，一共 8 行，由 64 人共同演出的乐舞，依次是诸侯"六佾"，48 人，卿大夫"四佾"，32 人，士"二佾"，16 人。

不同场合的用乐类型也不同，祭祀、朝会、宴飨等都有不同的乐舞。周代将夏商周三代的宫廷乐舞《大夏》《大濩（huò）》《大武》，尧、舜时代的《云门大卷》《大咸》《韶》三部乐舞合为六部，称为"六代之乐"，简称"六乐"或"六舞"，主要用于祭祀天地日月山川和祭祀祖先等场合。"六乐"场面宏大，庄严典雅，是贵族子弟必修的经典乐舞，被历代统治者奉为"先王之乐"而继承和发展，或制文舞，以歌颂文德，或制武舞，以颂扬武功。[1]

如"六乐"中的《大武》，是歌颂武王伐纣、平定天下的，歌、舞、乐并行，共分六段。第一段是出征，将士聚集，头戴冠冕，手持武器，步伐铿锵，齐唱颂歌。第二段是杀敌，将士英勇，视死如归，反复击刺，取得胜利。第三段是凯旋，喜悦归来，再次出征，向南进发。第四段是平定南方。第五段是朝见武王。第六段是齐声歌唱，颂扬武王，祝福王朝，繁荣昌盛。

周代宫廷除了乐舞之外，还有颂、雅等大典乐歌，也用于祭祀、朝会、大射、视学等重要的典礼当中。此外，为了汲取民间音乐，还实行采风制度，每年春秋二季，朝廷都要派采风官手摇木铎到各地采集民间歌谣，一是了解民情风俗，二是对收集的民歌进行整理加工，以供朝会、宴飨时歌唱，以期实现讽喻的效果。孔子是礼乐制度的坚定维护者，晚年对风、雅、颂进行汇集和删订，保留了 305 篇，这就是《诗经》。

根据《尚书》的说法，"诗言志，歌永（咏）言，声依永，律和声"，诗歌和音乐本为一体，也就是说，《诗经》里的诗篇当初都是可以演唱的，只是后来部分音律亡佚了，只留下了歌词。305 首诗歌，无论是风，还是颂和雅，都是乐歌。风就是各地的歌谣，颂是歌颂的意思，比如《周颂》，曲调悠扬典雅。雅是正声雅乐，又分《大雅》和《小雅》。《小雅》中有一首

---

① 余甲方：《中国古代音乐史》，上海人民出版社，2014 年版，第 21 页。

《鹿鸣》，共三段，第一段是："呦呦鹿鸣，食野之苹。我有嘉宾，鼓瑟吹笙。吹笙鼓簧，承筐是将。人之好我，示我周行。"描写宴飨时的场景，歌词优美，音律和谐。

作为《诗经》的修订者，孔子不但热爱而且精通音乐。他曾在齐国听到《韶》乐，沉醉其中，竟"三月不知肉味"。年轻时跟师襄学习音乐，非常认真刻苦。一首《文王操》反复练习，老师说可以了，改练其他乐曲吧，他说，虽然会演奏了，但还不解其意。过了几天，老师说，可以了，他说虽然明白其中含义，还不明白曲中表达的志向。又过几天，老师说可以了，他说虽然明白了其中志向，还没看到文王的形象。几天之后，孔子高兴地告诉老师，体会到文王形象了，高高的个子，微黑的皮肤，眼睛很明亮，胸有成竹的样子。老师非常佩服，向他行礼。

周代处于青铜时代的鼎盛时期，在各类乐器中，青铜编钟是当时最重要的乐器，有"八音之中，金石为先"的说法。当时编钟制作水平非常精湛。晋国乐师师旷是个盲人，对音律特别敏锐。国君铸了一口大钟，其他乐师认为音律准确，唯独他说不准，必须重铸，国君说大家都认可，为什么就你一个人这样认为呢？他说以后会有人认同我的。后来音乐家涓听了，认为此钟音律的确不准。

最著名的编钟是湖北随州战国曾侯乙墓出土的编钟。这套编钟有 65 件钟器组成，分为三层，上层是钮钟，19 个，中下层是甬钟，45 个，还有 1 件镈钟，颇为壮观，需要几人协作，能奏出现代钢琴上的所有黑色键的音响。上、中层音色清脆，下层浑厚，虽然在地下埋藏了二千多年，但音质依然纯正，今天的音乐家已用它演奏过很多乐曲。

二　音乐何以寄情？

编钟是时代的产物，有许多乐器随时代产生，也随时代消亡，而有一种乐器却一直为人们所钟爱，成为数千年音乐史中的一道奇观。这种乐器就是琴。据传"舜作五弦之琴"，曾侯乙墓中出土了十弦琴，马王堆汉墓中出土了七弦琴，此后七弦琴流传至今。如果说以乐治国，侧重在群体和谐的一面，而琴则具有强烈的个体性，是心灵自我安顿的重要途径。中国文人有"君子不撤琴瑟"的说法，将琴作为修养心性的工具。琴的美妙的声音能够帮助人去除躁动，荡涤杂虑，达到心灵的平衡。一张琴，可以营造一个安顿心灵的空间。[①]

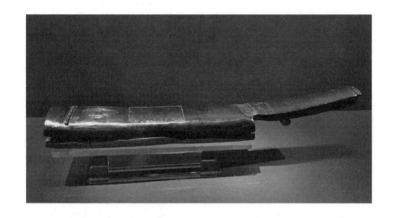

图 12-2　西汉七弦琴

以琴寄情。 孔子在鲁国政治改革失败后，周游列国，希望能实现克己复礼的理想，却连遭碰壁，在奔波途中，看到幽兰在杂草丛中，触景生情，发出了"幽兰与杂草为伍，如圣贤沦于鄙夫"的感慨，并写下了琴曲《幽兰》，抒发自己怀才不遇，壮志难酬的心情。这首琴曲在东汉末年被蔡邕收录在他的《琴操》一书当中。

蔡邕不但是文学家、书法家，还是琴家，认为"众器之中，琴德最优"。在流亡吴地时，他看见当地人用桐木烧火，忽然听到一声清脆的声响，感觉声音非常独特，便让人把桐木撤出灭火，用剩余的桐木做了一把琴，琴声果然非常美妙。这把琴因有烧焦的痕迹，被称为"焦尾琴"。蔡邕的音乐天赋传给了女儿蔡文姬。她从小听父亲弹琴，

---

① 叶朗、朱良志：《中国文化读本》，外语教学与研究出版社，2008年版，第 148 页。

一次琴弦断了，她吐口而出，说第二根断了，父亲以为她是瞎猜的，弹奏中又故意弄断了一根，她又准确地说出了是第四根。

蔡文姬身世非常坎坷，由于战乱，被匈奴人掳掠到关外，成了匈奴人的妻子，在那里生活了 12 年，生下了两个儿子，后被曹操用军事和外交手段，只身迎回中原，又致使骨肉永远分离。她把自己不幸遭遇写成长诗《胡笳十八拍》，并谱成琴曲。全曲 18 乐段，前 10 段写飘零之苦，她问苍天神灵："为天有眼兮何不见我独漂流？为神有灵兮何事处我天南海北头？"后 8 段写分离和思念之痛。第 13 段写生死离别："汉使迎我兮四牡騑騑（fēi），胡儿号兮谁得知？与我生死兮逢此时，愁为子兮日无光辉，焉得羽翼兮将汝归。一步一远兮足难移，魂消影绝兮恩爱遗。十有三拍兮弦急调悲，肝肠搅刺兮人莫我知。"第 16 段写思念："日东月西兮徒相望，不得相随兮空断肠。对萱草兮忧不忘，弹鸣琴兮情何伤！今别子兮归故乡，旧怨平兮新怨长！泣血仰头兮诉苍苍，胡为生兮独罹此殃！"整部琴曲凄怆哀怨，荡气回肠。

以琴明志。阮籍、嵇康都是魏晋名士，因不满司马氏的统治，政治上不合作，但他们的名声太大，司马家族不可能让他们退避，必须将他们纳入皇权之下。阮籍的对策一是纵酒，当司马昭派人来为儿子提亲，他醉酒 60 日不醒，摆脱纠缠；二是弹琴，所作琴曲《酒狂》，被称为古琴曲中极为罕见的作品，全曲主旋律不断反复跳跃，给人一种轻重颠倒的感觉，形象地刻画出一个醉者步履蹒跚，一跌一撞的情景。[①] 看似醉者，而内心却有着非常坚定的反抗意志。明代朱权在《神奇秘谱》中说："是曲也，阮籍所作也。籍叹道之不行，与时不合，故忘世虑于形骸之外，托兴于酗酒，以乐终身之志。其趣也若是，岂真嗜酒耶，有道存焉。妙在於其中，故不为俗子道，达者得之。"

嵇康则是退避山林，打铁为生，但最终被司马氏送上刑场，临刑前，神态自若，从容弹奏一曲《广陵散》，以此明志。《广陵散》相传是战国时期四大刺客之一的聂政所作。聂政父亲为韩王铸剑，被韩王杀害。聂政逃进深山，跟仙人学琴，10 年学成出山，自毁面容，将匕首藏在琴中，在为韩

---

① 张承宗、孙立：《灿烂文化：中国古代音乐》，北京科学技术出版社，2005 年版，第 45 页。

王演奏时，刺杀了韩王，为父报仇。宋代《琴苑要录》引《琴书·止息序》此曲："其怨恨凄感，即如幽冥鬼神之声。邕邕容容，言语清冷。及其怫郁慨慷，又隐隐轰轰，风雨亭亭，纷披灿烂，戈矛纵横。粗略言之，不能尽其美也。"

阮、嵇是魏晋风度的一种；桓伊创作笛曲《梅花三弄》，以梅花芬芳耐寒，借物明志，比喻人的高尚节操，是另一种魏晋风度。这首曲子后来被改成琴曲，成为千古名曲。此曲运用大量叠句，舒缓幽深的曲调与激越奔放的旋律交替出现，反复渲染梅花凌风傲雪的品性，展示梅花宁静而不屈的形象。而陶渊明所展示的魏晋风度更为独特，他以"清琴横床，浊酒半壶"为人生理想，根据《晋书》记载，他有一架琴，但并不会弹奏，所以没有装置琴弦，而每当与友人聚会饮酒，他会一边操琴抚弄，一边念念有词："但识琴中趣，何劳琴上声。"此琴无声胜有声，被誉为"无弦琴之歌"。

以琴会友。音乐史上有一段"伯牙摔琴谢知音"的佳话，故事有两个主人公，一是伯牙，战国时期的琴家，青年时代跟古琴大师成连学琴，出师之时，被带到东海蓬莱山，体验山呼海啸和各种大自然的声音，练就了"移情"的功夫，成为"天下之妙手"。另一位叫钟子期，是个樵夫，但音乐素养极高。《列子·汤问》中说："伯牙善鼓琴，钟子期善听。伯牙鼓琴，志在高山。钟子期曰：善哉，峨峨兮若泰山！志在流水，钟子期曰：善哉，洋洋兮若江河！伯牙所念，钟子期必得之。"后来，钟子期死了，伯牙摔琴绝弦，终生不再弹奏，因为没有知音了，但见证二人互为知己的琴曲《高山流水》却流传了下来。

《梅花三弄》也有一段佳话，故事的一个主人公是此曲的作者桓伊，另一个是王羲之的儿子王徽之。一次王徽之应诏回京师，船停在青溪江边，恰好遇到桓伊从岸上经过，但是两人互不相识，而且桓伊的官位比王徽之更高。王徽之久闻桓伊和此曲，并不顾及唐突，派人直接请桓伊演奏此曲，桓伊也知道王徽之的美名，二话没说，下车为他演奏。两个人一个在岸上，一个在船上，一个尽情演奏，一个专注倾听。演奏完了，一个上车离去，一个起锚航行。二人自始至终没有言语交流，但这首琴曲却把他们的心灵紧紧连在了一起。

三　音乐何以悦乐？

音乐史上有宫廷音乐和民间音乐，雅乐和俗乐的区分，而两者的关系是相互影响和融通的，共同推动了音乐的发展。音乐最初就来自民间，所以尽管后来有了宫廷音乐或雅乐，也没有割断与民间音乐或俗乐的联系，否则就失去了源头活水。朝廷也设置专门的机构，对民间音乐或俗乐进行采集，以补充或改进宫廷音乐或雅乐。

周代有采风官，《诗经》中有风、雅、颂三种乐歌，风在其中的占绝大部分，而风就是来自各地的民间歌谣。这些民歌内容非常丰富，有写追求心上人的，如《关雎》，"关关雎鸠，在河之洲。窈窕淑女，君子好逑。"有写思念佳人的，如《子衿》，"青青子衿，悠悠我心。纵我不往，子宁不嗣音？"有写劳动艰辛和不满的，如《伐檀》，"坎坎伐檀兮，置之河之干兮。河水清且涟猗。不稼不穑，胡取禾三百廛（chán）兮？不狩不猎，胡瞻尔庭有县貆（huān）兮？"有写反抗的，如《硕鼠》，"硕鼠硕鼠，无食我黍！三岁贯女，莫我肯顾。逝将去女，适彼乐土。"这些歌词和曲调，清新自然，充满活力。

秦汉也有专门的音乐管理机构叫乐府，仅西汉年间就采集了 138 首民间歌谣。尽管后来政局动荡，乐府被裁撤，但许多歌谣却没有消失，后人把这些歌谣汇编成《乐府诗卷》100 卷，流传至今。这些作品有写劳动场景的，如《江南》，"江南可采莲，莲叶何田田。鱼戏莲叶间。鱼戏莲叶东，鱼戏莲叶西，鱼戏莲叶南，鱼戏莲叶北。"有写生活贫困的，如《东门行》，"出东门，不顾归。来入门，怅欲悲。盎中无斗米储，还视架上无悬衣。拔剑东门去，舍中儿母牵衣啼：他家但愿富贵，贱妾与君共哺糜。"有写勇敢机智女子的，如《陌上桑》，"使君从南来，五马立踟蹰。使君遣吏往，问是谁家姝？秦氏有好女，自名为罗敷。罗敷年几何？二十尚不足，十五颇有余。使君谢罗敷：宁可共载不？罗敷前致辞：使君一何愚！使君自有妇，罗敷自有夫。"

这些民间歌谣对音乐发展影响很大。魏晋时期的清商乐源自汉代的相和歌，而相和歌就是来自北方的民间音乐。曹魏的几个皇帝都十分喜爱相和歌和清商乐，曹操本人带头创作相和歌，留下许多优美的作品，如用乐府曲调写的《步出夏门行》共有五首，篇篇知名，如《观沧海》，"东临碣石，以观沧海。水何澹澹，山岛竦峙。树木丛生，百草丰茂。秋风萧瑟，洪波涌起。日月之行，若出其中；星汉灿烂，若出其里。幸甚至哉！歌以咏志。"

民间音乐的地位从宋代开始发生了根本性的变化，它们不再为宫廷音乐发现和吸纳，而是走上了独自发展的舞台。戏剧音乐这种新形式使民间音乐获得了独立的地位，直接面向大众，市民音乐兴盛起来。戏剧音乐的源头可以追溯到宋代之前，隋唐时期宫廷中百戏散乐，如歌舞和参军戏，直接影响到宋元的戏曲。宋代城市经济繁荣，出现了勾栏瓦舍，供戏曲杂剧或说唱表演，相当于今天的剧场戏院。表演的节目既有唱赚、诸宫调、鼓子戏等民间说唱，又有杂剧、傀儡戏等戏曲，还有杂技百戏等。这些新音乐非常受欢迎，很有市场，据说当时连怀抱中的小孩子，一听到说唱，也会伸出小手打起节拍。

元代的杂剧比宋代更加完善，由于北方音乐的融入，所以是北曲为主，以锣、鼓、笛、板等打击乐器伴奏，以琵琶增加旋律感，节奏较快，爽直流畅，跌宕跳跃，体现奔放豪迈的音乐风格。剧本一般是四折，另加一个楔子。表演由曲、宾白和科三部分组成，曲是唱曲，宾白是说白，科是动作和表情。角色分工也更加明确，男主角叫正末，女主角叫正旦，还有花脸的"净"和丑角。关汉卿的《窦娥冤》和王实甫的《西厢记》都是影响很大的杂剧。

《窦娥冤》描写善良无助的百姓与强权无道的社会之间的激烈冲突，最后善良被罪恶毁灭。年轻女子窦娥因高利贷被迫卖身当童养媳，又因遇到流氓恶霸横行而吃官司，再因贪官污吏草菅人命而被判处死刑。一个无辜的年轻生命在乱世中莫名其妙地殒命香销。剧中窦娥是正旦角色，四折曲调由她一唱到底，她在刑场唱出了无助和悲鸣：为善的受贫穷更命短，造恶的享富贵又寿延。天地也！做得个怕硬欺软，却原来也这般顺水推船！地也，你不分好歹何为地！天也，你错勘贤愚枉做天！

杂剧在元末走向衰微，而一直受歧视的南曲发展起来。南曲又称南戏，产生于浙江永嘉一带，也叫"永嘉杂剧"或"温州杂剧"，到了明代逐渐成为戏曲的主角。南戏在流传过程中，与各地的民间音乐相结合，产生了许多新的声腔，其中海盐腔、弋阳腔、余姚腔和昆山腔是当时流行的四大声腔。徐渭在《南词叙录》中说："惟昆山腔止行于吴中，流丽悠远，出乎三腔之上。"

昆山腔因擅唱者顾坚居住在昆山千灯而得名，明嘉靖、隆庆年间由魏良辅等人对其唱法进行改革，成为一种兼具南北曲调的剧种，从而取得了空前的影响力，并以"昆曲""昆腔"而闻名。魏良辅的改革包括唱腔和乐曲。对原有曲调进行细腻处理，去除平直唱腔，增加柔和的曲调，使曲调婉转优美，圆润流畅，这种新腔调被称为"水磨腔"。乐曲在南曲原有笛、箫、月琴等乐器的基础上，引入北曲所用的"弦索"等乐器，形成一支由笛、笙、箫、管、三弦、琵琶、月琴、板鼓等多种乐器组成的伴奏乐队。

昆曲有许多经典剧目，长盛不衰，如汤显祖的《牡丹亭》，洪昇的《长生殿》，孔尚任的《桃花扇》等。《牡丹亭》描写官家千金杜丽娘对梦中书生柳梦梅倾心相爱，竟伤情而死，化为魂魄寻找现实中的爱人，人鬼相恋，最后又起死回生，终于与柳梦梅永结同心。该剧内容和唱腔俱佳。其中，《游园》一节："原来姹紫嫣红开遍，似这般都付与断井颓垣。良辰美景奈何天，赏心乐事谁家院！朝飞暮卷，云霞翠轩；雨丝风片，烟波画船——锦屏人忒看的这韶光贱！"与汤显祖同时代的沈德符在《顾曲杂言》中说："《牡丹亭梦》一出，家传户诵，几令《西厢》减色。"

由于戏剧传播快，受众广，清代的地方戏呈现蓬勃发展的势头，出现了梆子腔、襄阳腔、楚腔、二簧调等多种唱腔，以梆子和皮黄最为知名。梆子腔源自陕甘一带的秦腔或西秦腔，以枣木梆子为板击节伴奏，俗称梆子腔。明代中叶开始扩散，遍及全国各地，形成众多支派，其中以山西梆子、河南梆子、河北梆子、山东梆子最为有名。乾隆年间，秦腔艺人魏长生进京演出，引起轰动，使昆曲、京腔相形见绌，但被朝廷禁演，逐出京城后，又到南方唱红。梆子腔以梆胡、梆笛、梆子为主要乐器，配以锣鼓、月琴，以"苦音"（"哭音"）和"欢音"（"花音"）为主要唱腔，总的音乐风格，粗犷、激越、高昂、悲壮，赢得了无数的观众。

皮黄腔是西皮腔和二黄腔的合称。西皮腔是秦腔与楚腔结合形成的，俗称汉调，二黄腔是流行于安徽的梆子秧腔与徽调结合演变而来。乾隆、嘉庆、道光年间，徽班相继进京，促进了二黄与西皮、秦腔、京腔的融合，皮黄腔风靡京城，京剧诞生了。京剧的乐器以京胡为主，文戏配之以胡琴、三弦、月琴、笛子、唢呐等，武戏配之以鼓板、大锣、小锣、铙钹、堂鼓等，讲究唱、念、做、打，唱占首要位置，是一门唱腔艺术。京剧的唱腔是在西皮和二黄两种唱腔的相互映衬和补充中形成的，西皮高亢、跳跃、活泼，二黄缓慢、深沉、端庄，两者交互而产生的优美唱腔，两百多年来，不知有多少人为之痴迷和倾倒。

在生活节奏越来越快的今天，流行音乐盛行，有人担忧，作为农业文明重要成果之一的古代音乐还有生存的土壤吗？前些年，青春版《牡丹亭》上演，大获成功，业界评价说，使处于低谷的昆曲还魂重生，看到了昆曲复兴的希望。如果看过了这部戏，不知道还会不会有这种担忧？

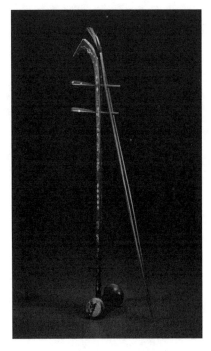

图 12-3　京胡

参 考 文 献

白蕉：《白蕉书学十讲》，上海人民美术出版社，2019 年版

班固：《汉书》，颜师古注，孙晓校注，中国社会科学出版社，2020 年版

陈鼓应：《中国哲学的创始者：老子新论》，中华书局，2015 年版

陈鼓应：《老子注译及评介》，中华书局，2009 年版

陈梦家：《陈梦家学术论文集》，中华书局，2016 年版

陈佩芬：《陈佩芬青铜器论集》，中西书局，2016 年版

陈奇猷：《韩非子集释》，上海人民出版社，1974 年版

陈振濂：《线条的世界：中国书法文化史》，浙江大学出版社，2002 年版

董玉祥：《从印度到中国：石窟艺术的产生与东传》，艺术家出版社，2012 年版

范文澜：《中国通史简编》（上册），商务印书馆，2010 年版

冯天瑜、杨华、任放：《中国文化史》，高等教育出版社，2007 年版

冯友兰：《中国哲学史》（上册），商务印书馆，2011 年版

傅抱石：《中国绘画变迁史纲》，河南人民出版社，2016 年版

傅振伦：《中国伟大的发明：瓷器》，生活·读书·新知三联书店，

1955 年版

　　顾颉刚：《汉代学术史略》，人民出版社，2008 年版

　　顾准：《顾准文集》，福建教育出版社，2010 年版

　　葛兆光：《古代中国文化讲义》，复旦大学出版社，2006 年版

　　黑格尔：《哲学史讲演录》（第一卷），贺麟、王太庆译，商务印书馆，
1983 年版

　　胡适：《胡适文存》（上册），中央编译出版社，2014 年版

　　黄仁宇，《十六世纪明代中国之财政与税收》，生活·读书·新知三联书店，
2001 年版

　　黄源：《书法讲座》，广西师范大学出版社，2017 年版

　　拉铁摩尔：《中国的亚洲内陆边疆》，唐晓峰译，江苏人民出版社，
2014 年版

　　勒内·格鲁塞：《草原帝国》（上册），蓝琪译，商务印书馆，1998
年版

　　李伯谦、唐际根：《青铜器与中国的青铜时代》，中国科技大学出版社，
2018 年版

　　李零：《人往低处走》，生活·读书·新知三联书店，2014 年版

　　李零：《丧家狗：我读〈论语〉》，生活·读书·新知三联书店，2008
年版

　　李学勤：《青铜器入门》，商务印书馆，2013 年版

　　李泽厚：《美的历程》，文物出版社，1981 年版

　　梁启超：《孔子与儒家哲学》，中华书局，2016 年版

　　梁启超：《老子、孔子、墨子及其学派》，北京出版社，2016 年版

　　梁启超：《中国古代学术流变研究》，山西人民出版社，2014 年版

　　鲁迅：《鲁迅全集》（第三卷），人民文学出版社，1982 年版

　　陆建芳主编：《中国玉器通史》（新石器时代北方卷），方向明、周晓晶著，
海天出版社，2014 年版

　　罗哲文：《长城史话》，北京出版社，2018 年版

　　内藤湖南：《中国绘画史》，栾殿武译，中华书局，2008 年版

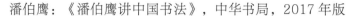

潘伯鹰：《潘伯鹰讲中国书法》，中华书局，2017 年版

潜苗金：《礼记译注》，浙江古籍出版社，2007 年版

钱穆：《孔子传》，九州出版社，2017 年版

钱穆：《庄老通辨》，生活·读书·新知三联书店，2005 年版

钱穆：《中国文化史导论》，河南人民出版社，2017 年版

石云涛：《中国陶瓷源流及域外传播》，商务印书馆，2015 年版

司马迁：《史记》，中华书局，1982 年版

宿白：《中国石窟寺研究》，文物出版社，1996 年版

孙诒让：《周礼正义》，邹其昌整理，人民出版社，2020 年版

孙承宗、孙力：《灿烂文化：中国古代音乐》，北京科学技术出版社，2005 年版

汤大民：《中国书法简史》，江苏古籍出版社，2001 年版

王国维：《王国维遗书》（第 5 卷），上海书店出版社，1983 年

王国维：《王国维文学论著三种》，商务印书馆，2001 年版

王先谦：《荀子集解》，中华书局，2016 年版

汪久文：《中国玉器时代与玉文化》，科学出版社，2016 年版

吴汝祚、牟永抗：《玉器时代说》，《中华文化论坛》，1994 年第 3 期

夏鼐：《商代玉器的分类、定名和用途》，《考古》，1983 年第 5 期

谢稚柳：《水墨画》，上海人民美术出版社，1957 年版

许宏：《最早的中国》，科学出版社，2009 年版

许倬云：《西周史》，生活·读书·新知三联书店，2018 年版

许倬云：《万古江河：中国历史文化的转折与展开》，上海文艺出版社，2006 年版

许倬云：《我者与他者：中国历史上的内外分际》，生活·读书·新知三联书店，2015 年版

杨伯达：《中国史前玉文化板块论》，《故宫博物院院刊》，2005 年第 4 期

杨伯峻：《论语译注》，中华书局，1980 年版

阎文儒：《中国石窟艺术总论》，广西师范大学出版社，2003 年版

叶朗、朱良志：《中国文化读本》，外语教学与研究出版社，2008 年版

叶舒宪：《白玉崇拜及其神话历史初探》，《安徽大学学报（哲学社会科学版）》，2015 年第 2 期

余冠英：《诗经选》，中华书局，2012 年版

余甲方：《中国古代音乐史》，上海人民出版社，2014 年版

袁胜文：《中国古代玉器》，南开大学出版社，2012 年版

袁仲一：《亲历考古：秦兵马俑探秘》，浙江文艺出版社，2011 年版

张岱年、方克立：《中国文化概论》，北京师范大学出版社，1994 年版

张荫麟、吕思勉、蒋廷黻：《中国史纲》（上册），陕西师范大学出版社，2007 年版

赵朝洪：《先秦玉器与玉文化》，《统一论坛》，2000 年第 4 期

赵朴初：《佛教常识答问》，中国佛教协会印行，1983 年版

朱良志：《八大、石涛的艺术境界》，《紫禁城》，2014 年第 7 期

周振甫：《诗经选译》，中华书局，2005 版

中国教育学会书法教育专业委员会编：《中国书法发展史》，天津古籍出版社，2010 年版

宗白华：《宗白华全集》（第二卷），安徽教育出版社，2008 年版